借鏡國外
提升台灣

12 給台灣的個新觀念

聯合報編輯部——企劃撰文

序 PREFACE

媒體的責任：探討公共議題，開拓國民視野

聯合報總編輯
羅國俊

聯合報六十年，見證台灣嬗變演進

二〇一一年九月十六日是聯合報創立一甲子之慶，六十年來聯合報與台灣社會共成長，共同走過艱辛歲月，見證從威權到民主、戰爭到和平、貧窮到繁榮的嬗變演進，中華民國播遷來台兩年後，聯合報即一路記錄無數歡欣或創痛的時刻，眼見許多希望的打造、幻滅，以至重生。如今，中華民國雖幾經危疑震撼，屢仆屢起，卻屹立不搖，且以更勇健的姿態迎接百年大壽。值此國壽、社慶之際，聯合報除了舉辦各項慶祝活動外，深感推動進步觀念是媒體不可推卸的職責，因此自六月起推出「借鏡國外，提升台灣」十二篇系列報導，希望引入先進國家值得鑑照的新觀念，協助提升台灣更上層樓。

「借鏡國外，提升台灣」系列，是聯合報一次大規模的採訪計畫，籌備約一年，赴國外採訪人數有十餘人，採訪國家除了遠赴北歐瑞典，且深入英國、荷蘭、日本等國，並結合國內專家見解，分十二個主題刊出，如今更由聯經出版社結集出版專書，便利讀者藏閱。

籌備一年，大規模的採訪計畫

這次規模龐大的採訪計畫著眼於台灣面臨的迫切問題。經過六十餘年的經建發展，台灣的硬體建設粗具規模，近年來國人卻益發感覺軟體投入的嚴重不足。例如，台灣老年化的速度極為驚人，媒體上時可見到老人不得安養的報導，甚至有老人遭棄養、虐待，以至自殺事件，可說已是逼面而至的危機。聯合報特別走訪瑞典，報導「讓人敢於老去的制度」；另外，台灣家庭普遍關切的房價、托育嬰問題，記者也至歐洲取經，報導荷蘭的社會住宅、以及瑞典「訂做好爸爸」。

而台灣城市建設好大喜功，導致華麗卻無用的蚊子館遍布各地。聯合報此次採訪特意著重在城市防災、與水和平共處，以至為藝術家找個家、維護城市舊建築等。我們認為高聳的建築固然眩目，但城市的靈魂應該是藝術家快樂居遊於此，讓人們不經意地撞見；以至我們知道一幢經歷歲月風霜的老建築，依然安穩地等候人們探訪。

聯合報近年來全面向數位匯流轉型，此次採訪也採取了國內媒體少見的多元型態。每赴一個國家採訪，都包括了文字、攝影記者，外加影像拍攝人員，報導使用的載體，除了刊登在聯合報，大量的現場照片在部落格提供點閱，動態影片更在聯合新聞網及多個網路平台播出。

台灣媒體歪風，八卦瑣事凌駕民生大事

台灣媒體生態近年來出現極大變化，頗多發展方向受人詬病，取其大者，第一、媒體的公共性逐漸淪喪，對事關國計民生的公共議題不聞不問，反而將極多篇幅投入在瑣碎、八卦、隱私的挖掘、扒糞中。當大學生只看影視明星的緋聞報導時，無怪馬總統在校園詢問同學對 ECFA 有何意見時，學生只能瞠目結舌，不知 ECFA 為何物。

其二、媒體普遍只關注台灣內部的芝麻小事，電視政論節目討論政要的生辰八字、祖墓風水；有人跳樓，所有電視台出動 SNG 車現場轉播，所謂國際新聞則是剪輯 Youtube 的趣味短片充數。反而，對於事關重大的國際、大陸發展趨勢，乏人聞問。媒體理應報導世界變化的重要資訊，使閱聽者耳聰目明，掌握環境、正確判斷，但台灣媒體在此顯然尚遠不符理想。

堅持深入報導，為讀者開拓國際視野

聯合報身為台灣媒體一員，亦經常自省每日所做報導能否協助讀者完整認識世界，提供有價值、具意義的資訊。站在下一個六十年的起點，我們推出「借鏡國外，提升台灣」系列報導，反映了以下一些基本態度：

聯合報看重讀者的品味，不相信媒體只供消閒之用，媒體作為環境的守望者，不能棄守天職，成篇累牘只在情色血腥中打轉，我們將持續針對重大公共議題深入探索，並且傳播進步觀念。與台灣一同成長，與讀者共求進步，這是聯合報過去一甲子的堅持，也會是第二個六十年不懈的追求。

聯合報除了關懷台灣，更希望放眼世界，提供讀者全球重大資訊。台灣四百年來一直是個貿易島，人民一向具有開拓探索、冒險犯難的精神。而以貿易立國，媒體卻不關注世界趨勢，目光停留在餖飣瑣事上，誠屬不可思議之事。「秀才不出門，能知天下事」，雖是一句老掉牙的話，但在科技工具日新月異的今日，媒體報導反而視野內縮，又寧非怪事？聯合報將運用海內外廣布的新聞資源，為讀者報導、解析天下大事。

媒體的力量，推動台灣正向發展

台灣資源貧瘠，最珍貴且取之不竭的乃是高素質的腦礦，英語的玩笑話：garbage in, garbage out.（進去的是垃圾，出來的就是垃圾），部分媒體經營者認定，媒體不過一門生意，即使垃圾資訊，若能賺錢，則其他不在關心之列。聯合報則確信，推動台灣正向的發展，有賴人才頭角崢嶸，而優質的媒體必須開拓國民的視野與胸襟。「借鏡國外，提升台灣」系列告一段落，而聯合報與讀者的相互策勵則正要開始。

ew
eas
lew
r s
tives

目錄 CONTENTS

1 CHAPTER

社會住宅是好宅

荷蘭

郭錦萍／文字
陳俊吉／攝影

荷蘭社會住宅 市民排隊搶著住

「我？我住的是社會住宅。這個社區很棒，在這裡住十四年了，我家人或鄰居都很喜歡這裡，想搬進來的人，排隊名單可是一長串呢！」住在由舊自來水廠改建的GWL社區的可莉（Conine Marseille），很驕傲地跟我們介紹著。

可莉很熱心的招呼我們到她家，從庭園到上樓，遇到五、六個鄰居，每個都熱情招呼。聽說台灣媒體來訪，來參一腳的鄰居馬克說：「這裡每間房子外觀看來一樣，其實裡面都不太一樣。」

果真，可莉五樓的家，門一開，竟是樓梯往下走，馬克笑著說，第一次來的人多會大吃一驚，「荷蘭建築師很愛開些小玩笑。」

社會住宅品質不打折

從陽台往外看，馬克熱心指著社區內在花園間錯落的各棟建物，「前面那棟是自有房（即屋主擁有產權），再過去那棟是社會住宅。」

「後面那棟呢？」兩個荷蘭人因不確定，開始用荷蘭文討論了起來。

「怎麼樣，分不出來吧？」「這裡的社會住宅和私人住宅的建築品質一樣好，社會住宅可能還更好」，馬克和可莉異口同聲說。

自來水廠改建的GWL，當中一半是社會住宅，保留了部分古老建築。

離大街不遠另有一棟大樓，一樓有個陳設高雅的交誼廳，樓上每戶的門明顯較大，可莉說，這棟是專為老人家設計，所以門和走道特別寬，以方便輪椅進出，配備了完整的無障礙設施。「買這棟房子的人，很多其實都不老，而是為未來生活預做準備，這棟房子比較貴喔。」

「再前面那一棟，有位先生從頸部以下都不能動，政府支付他的生活協助者費用，也安排他住在底層的屋子，畢竟常會就醫，這樣比較方便進出，他住的也是社會住宅囉。」

三分之一房租，一家四口安穩成家

可莉家有一百平方公尺大（約三十．二坪），有三間房間、一間起居室、淋浴間和廁所各一間，另有廚房旁向著社區花園的陽台。房內陳設簡單，但書架上有不少書，樓梯間一堆亂放的球鞋和厚外套，看得出這裡住了青少年。

對於屋內的不算整齊，可莉有點不好意思，但還是大方地向我們介紹她的兩個孩子：Jaap十九歲，又高又帥一頭捲髮；Daan十四歲，也很帥但有點害羞。

每天騎十幾公里自行車到阿姆斯特丹郊區一個低收入社區擔任社工的可莉說，在住進GWL之前，她兩個孩子一個五歲，一個剛出生，她和來自越南的先生收入少得可憐。「非常非常窮，」可莉說，「幸好有機會住進

GWL有大片綠地，車輛只能停在外圍。

可莉（中）一家人住在三十坪大的社會住宅裡。

現在這個房子，房租壓力減少很多，生活才穩定下來。」

她的社會住宅每個月租金是五百三十歐元，約台幣兩萬兩千元，附近同樣大小的私人出租公寓，租金至少要三倍以上。

改造成功帶動附近房價

現在也在社區內擔任志工的可莉表示，她住ＧＷＬ十幾年，親眼看到因為這個「都市花園」社區的成功，影響了周邊的環境，附近私有住宅的房價還因此漲了許多。近幾年，民間團體、社會學者多次在社區內開研討會，希望阿姆斯特丹市政府，甚至全荷蘭多建幾個這種社區，國外都市計畫、環保學者、社區營造團體也不斷來取經。

「阿姆斯特丹的住宅雖然一半是社會住宅，但還是遠遠不夠啊！為了住進社會住宅，等七年、十年的大有人在。」可莉說著說著，突然問起，「台灣有社會住宅嗎？」

真正的數字讓人說不出口：「不到百分之一。」可莉一聽皺起眉頭，「喔，那真是太糟了，是吧？」

由機房改建的餐廳，當年的發動機就和餐桌並陳。

GWL中央的百年水塔，還可以使用。

老舊自來水廠，蛻變高級公寓

占地六公頃大的GWL原先是一個有一百六十年歷史的自來水廠，毗鄰十九世紀的舊城區，在六、七〇年代，附近住的多是低收入戶和外來移民，髒亂且犯罪問題層出。

老舊建築，全新利用

一九九〇年代初期，阿姆斯特丹政府在這裡進行了一個大膽的更新計畫，核准住宅法人建造六百住戶和一些商店，部分較具代表性的歷史建物則被留下來，修復後變成餐廳（被《阿姆斯特丹祕密》一書大力推薦）、只有一房一廳的時髦旅館、讓健身房和小型企業進駐。

至於六百個住宅單位，一半是社會住宅，四分之一是中所得家庭補貼式自用住宅（房子售價較低），四分之一是昂貴的高級住宅。銷售高級住宅的利潤，部分用來改善社會住宅居住環境品質，部分用來做環保設施（如水回收、節能系統等）。

寧闢花園，不蓋車位

更特別的是，這個社區一開始設計，就擺明不歡迎住戶用車，從台灣人觀點，這裡的空地多到放七、八百輛車都不成問題，但設計者的概念是用

住GWL的同性戀伴侶。

這裡的社會住宅，推開陽台可見滿眼綠意。

停車位換花園，所以幾乎每戶都有花園，有的在屋頂、有的在地面，但平均每五戶才有一個停車位，且全放在社區外圍。

這個都更案在計畫過程，被冷嘲熱諷，但沒想到高級住宅在動工前就銷售一空。也因為這個多樣性住宅案例的成功，帶動後來一連串類似但更大規模的都更案快速進行。

也因為GWL社區的成功轉形，讓周遭的環境和鄰居都跟著沾光，房地產價格一路上漲，此地也成了各國都市計畫、環保建築的取經地。

這裡的房屋可以眺望河景。

東碼頭區是各種建築的競技場。

社宅與豪宅並立的東碼頭區

「水岸第一排」、「面對千坪綠地」、「國際級建築師代表作」、「百年經典」，台灣的高價房產常用這些廣告詞，在阿姆斯特丹，成千上萬間社會住宅都具備這些條件。這些房子超級搶手，想住進去，平均得等七至十年。

前衛創意，改造老舊社區

緊鄰阿姆斯特丹中央車站東邊的舊碼頭區，近十幾年間，成了建築師的競技場。有結合老監獄建成的五星級飯店、酷炫音樂廳、造型像鯨魚的辦公室、住宅混合大樓，間雜小巧的運河，各式雕塑品，散布在街角、綠地間，旅遊業者還推出此地的建築之旅。

觀光客多不知道，這裡看來高檔的住宅，有一半是台灣社區民眾避之唯恐不及的社會住宅，而且真正的豪宅，就和他們毗鄰而居。這裡甚至還有精神疾病治療中心。

另一個觀光客不知道的是，由三個半島構成的東碼頭區，當初是因阿姆斯特丹市府發現周圍有人收購土地，為預防房價被炒高，都更規畫單位於是將原本半廢棄的碼頭區轉化成住宅區，因為範圍很大，建設仍在進行中，

由廢棄碼頭區都更規畫形成現今的時髦住宅區。這裡的住宅一半是社會住宅。

東碼頭區的透天豪宅，每戶都出自不同設計師；就算是集合住宅，也都各有特色。

「船屋」建於1910 年代，是荷蘭最早也最具特色的社會住宅。

這些近百年的房子是很多家庭安身立命之處。

這些紅磚樓房是阿姆斯特丹學派的代表作。

住戶很用心地布置自家的窗台。

美麗的紅磚牆配上造型特別的白窗。

且計畫又擴及到更大的填海人造島，已完成的部分已成為阿姆斯特丹住宅品質最好的地區之一。

特色建築成觀光景點

再從中央車站往西十分鐘車程，有個阿姆斯特丹學派最具代表性建築群，這些紅磚樓房建於一九一〇年代，當中最有特色的船屋（外形像條大船），將其中一小部分改成博物館，開放給外界參觀，每天一早就有人排隊等著進場。

這裡是荷蘭最早的社會住宅，當年就是專為低收入的勞工所建，滿懷社會主義的建築設計師認為，「誰說工人就得住爛房子」，因此刻意用價錢便宜的紅磚，加入許多建築語言，在細節上塑造「高雅」印象，造就了這批風格特殊且饒富趣味的住宅。

覽導員說，當年雖然建材用得便宜，但造價驚人，市政府官員看到帳單，差點昏過去。

今天，這裡還是社會住宅。

等十年也值得

就住在船屋對街的丹尼爾．庫菲（Daniel Kouffeld）表示，他申請這裡的社會住宅，等了十年，去年中終於搬了進來，開心得不得了。

只要有小孩，便可優先承租社會住宅。

「等十年？值得嗎？」我們不禁好奇地問，在造船廠工作的丹尼爾說：「若是城外的社會住宅，的確不需要等這麼久，但想住進城內的人太多了，等十年是很常見的。」

他和「伴侶」及伴侶的女兒同住在這個二房一廳約七、八十平方米的房子，房租每個月三百歐元，因為還有其他補助，他其實只須付兩百二十歐元。不過因為住的是歷史建物，所以屋子內外都不能更動。他說，類似的房子，若非社會住宅，月租金大約要一千歐元。

有孩子，優先住房子

荷蘭法律明定，有伴侶（不一定要結婚，同性也可以）、有子女者，可優先承租社會住宅。

有小孩就能優先以低價租到好房子，政府對於新生人口，生、養、教還有一堆補助，不知道是不是因為這樣，就算收入的百分之四十要繳稅，荷蘭的生育率比台灣高多了。

荷蘭的建築極具特色。

歷經一百年變革的住宅概念

荷蘭的社會住宅約有一百五十多年，一開始是民間團體蓋了一些房子，收容一些老年、失依婦女。十九世紀末到二十世紀初，歐洲因工業革命開始快速工業化，加上第一次世界大戰造成的破壞，城市住宅大量短缺，這當中受害最深的就是大量從鄉村到城市謀生的勞工。

當時不少投機資本家或地主為了賺錢，讓勞工住在擁擠、建造不良的房子，生活環境極其惡劣。也因為低收入階層的住房問題嚴重，歐洲各國大約都是在十九世紀末、二十世紀初訂定住房法案，規範政府有責任提供合宜的居住環境。荷蘭的住宅法（House Act）在一九〇一年立法，並沿用至今，社會住宅從那時開始大量提供。

申請條件寬鬆，助益大多市民

一百多年來，荷蘭的社會住宅歷經多次變革，各地方政府對於申請的條件也各不相同。例如阿姆斯特市規定年收入低於三萬三千歐元（約台幣一百三十七萬元）就可申請，約有半數市民都符合這個條件。再如南部的馬斯垂克則規定，低於市民平均收入四成的人就可以申請社會住宅，因當地超級有錢人不少，市民平均所得數字被這些人拉高，所以約有六成市民可申請。

船屋博物館入口，一早就有人排隊參觀。

住辦混合的「鯨魚」是東碼頭區的地標之一。

各國社會住宅法令通過年分

國家	年代
英國	1890
荷蘭	1901
美國	1949
日本	1951
台灣	至今未通過

不蓋集中式國宅，避免族群隔離

現在荷蘭的社會住宅和台灣國民住宅那類集中式樓屋完全不同，儘管在法國、德國、義大利等地，這類社會住宅都還很常見。

荷蘭在一九六〇、七〇年代也曾經採用過這樣的方式，但荷蘭政府很快就察覺這種方式不理想。因為這類住宅常因造價考量，建在都市外圍，加上集中特殊族群，反而容易被隔離、治安變差，結果不但沒有解決原先的住居問題，反而製造更多難以解決的問題。

荷蘭於是改透過各種都市規畫手法，修正社會住宅政策。現在，從外觀看來根本分不出來哪些是社會住宅，哪些是普通住宅。有些社會住宅是一整棟，有時是一棟樓中，有社宅也有一般住宅。甚至，社會住宅也會出售，變成一般住宅。

制度性住宅概念，補助多元族群

簡單來說，荷蘭的社會住宅是制度性的，而非住宅本身，不同的社會住宅有不同的門檻，有些是獲得政府補助取得七十年租賃權（土地國有），有些是接受政府補助，租賃一般房子，有些是按月接受政府補助又租賃社會住宅。而且獲得補助的對象族群也很多元，從傳統認為的低收入、身心障礙者外，剛畢業的社會新鮮人、子女年幼的家庭、有繳稅的移民、被迫遷離原住居地者（如原有住居進行都市更新等）也都在內。

這個環型社區裡頭有一半是社會住宅。

市政府計畫管理局副局長尼可．寇斯。

阿姆斯特丹政府主導都市規畫

荷蘭的最大城市阿姆斯特丹，住宅有一半是社會住宅，但在城裡你找不到明顯破落的區域。其背後牽涉的因素固然千緒萬端，但很重要的一個原因是，這個城市的土地，八成都屬市政府擁有。

土地八成由政府所有

阿姆斯特丹計畫管理局副局長尼可．寇斯（Niko Koers），負責都市更新及社會住宅等土地政策，他對於市政府是大地主的原由，給了答案。

大約是十九世紀末工業革命後，大量勞工湧入，很多資本家買下阿姆斯特丹的土地，蓋了很多爛房子租給勞工，有些還因偷工減料倒塌，造成嚴重死傷，因狀況層出不窮，引發極大民怨，為勞工發聲的社會主義思潮因此在荷蘭形成風潮，形成極大政治壓力；市政府於是在一八九〇年向農民買了地，並交給慈善性質的住宅法人蓋了最早期的社會住宅，當時也有些勞工決定合力蓋自己的房子，但他們根本買不起土地，市政府於是把土地以極低的租金，租給勞工蓋房子。

寇斯表示，阿姆斯特丹市政府大概也是從那時開始陸續購入土地，且大約是從一九二四年就不再賣出任何土地。同時從十九世紀開始建立的土地

「鯨魚」的另一面。

租賃制度至今也還在實施。

土地國有，抑制房價

「像阿姆斯特丹市政府這樣的大地主，在荷蘭也算特別的，如鹿特丹就比較鼓勵私有化；但市民並不覺得我們有的土地太多！」寇斯說，「這個土地政策，是確保民眾能用合理的錢住到高品質價格房子的關鍵。」

阿姆斯特丹政府不只是不賣地和台灣不同，對於老舊建築要怎麼更新，新區域要怎麼開發，也和台灣完全不同。

寇斯解釋，阿姆斯特丹的規定是，只要家戶年收入少於三萬三千歐元就可申請社會住宅，加上人口還在不斷增加，未來二十年，阿姆斯特丹至少還要蓋五萬戶社會住宅。

強力主導都市更新

他說，市政府對於每個區域要形成怎樣的風格，握有強力主導權，「當然，我們事前和各團體有無數次的溝通、公聽會……在還沒定案前，誰都可以走進我們辦公室發表意見。」所以擬出來的計畫，除了公園、學校、道路等，甚至詳細到要蓋多少間一般住宅、社會住宅（最少都有三成）、身心障人士的住宅、藝術家工作室，連公共藝術品擺哪、用什麼材質等，都鉅細靡遺地詳列，之後再交由地產開發商或住屋法人競逐。

種滿花卉的陽台。

競標的條件每個案例都不同，有時是由土地租金高低決定，但更多時候，比較的是開發商另外提出的承諾，例如採用綠建築、節能設備或提供社區團體的各種資源等。

寇斯提到，阿姆斯特丹在三、四十年前，為重建城市，社會住宅一度高達百分之八、九十，近十幾年間，因都市更新和自有化的增加，這個比率才降至五成。現在還是有社區是百分百的社會住宅，其中有些因住民多是低收入的外國移民，所以社區狀況不甚理想，這些地區都將陸續進行全面的更新活化計畫，其中一項就是讓社會住宅比例降低，設法讓中高階族群入住，才能讓社區重新活化、不變成死角。

安全舒適的居住環境，減輕人民的壓力。

運河邊整齊美麗的住宅。

社會住宅有助縮小貧富差距

相較歐洲其他國家，荷蘭極少見種族衝突，雖然有很多有錢人，但貧富差距也不太看得出來，這和大量提供社會住宅有很大關係。

新加坡國立大學設計與環境學院客座教授尤根・羅斯曼（Jurgen Roseman），曾任荷蘭政府、德國持續發展委員會顧問，也參與德荷奧等國城市規範和更新案，他指出，歐洲的社會住宅發展了上百年，有成功也有失敗的案例。

社會住宅＝低品質＝貧民窟？

羅斯曼指出，在義大利、比利時及法國部分地區，「貧民」是社會住宅的重點對象，政府蓋房子租給收入最低的人，但這種方法缺點一大堆，包括因租金低，為控制成本，房屋建造品質被降低，使用年限跟著下降。也因把都市貧民集中一地，這些社區通常會污名化。很多例子顯示，低品質的住宅和貧戶的結合，很容易就形成貧民窟。

羅斯曼強調，社會住宅的初衷不只是改善低收入族群的居住條件，還要設法讓他們融入都市社會，有上升的動機和機會。荷蘭推行社會住宅一百多年，一開始也只是單純蓋勞工住宅，後來發現把弱勢的人全集中住，不是好方法，於是又改成融合式住宅，即建造中產階級也能接受的住宅品質，所

社會住宅並不等於低品質。

以用了較高成本建築。

但就算是建造品質佳的融合式社會住宅，一旦中收入者有能力離開（如買了房子），這些社會住宅又會逐漸形成只有貧窮者才會留下來的區塊，久而久之還是成問題。

多樣性住宅，消除隔離效應

因此荷蘭的中央和地方政府和住宅法人，在一九九〇年代，研究出一個新策略——多樣性住宅方案（Differentiated Housing，簡稱ＤＨ）。

羅斯曼解釋，ＤＨ方案有幾項特點：一、為消除隔離效應或被污名化，新建案不再蓋單純的社會住宅，而是將社會住宅和自有住宅混合。二、住宅盡可能與小型企業、辦公室結合，結合商業和文化活動。三、住宅的樣式不再平均化，因整個都市是各種少數族群的集合體，也就是各類人有不同需求（如愛種花草的，會覺得花園比停車位重要）。

阿姆斯特丹的ＧＷＬ社區是一個很著名的成功案例。荷蘭現在有好幾個運用相同概念的大型ＤＨ在進行中。德國現在也開始採用這種方案，開始改建一些過去問題重重的低收入社區。

羅斯曼強調，歐洲絕大部分的社會住宅是由非營利組織管理，荷蘭的狀況是，政府只在很早期有挹注資金，現在是房子由民間建造及管理，政府不但可從土地租金回補資金，還少了營建和管理的成本。

荷蘭的新型住宅會留下很大的民眾活動空間。

以低價出租給年輕人

對台灣住房狀況頗有研究的羅斯曼認為，與荷蘭或歐洲相比，台北的房子貴很多，但住居品質卻相去甚遠，若能蓋出品質好的出租式社會住宅，應有助改善台灣的住宅問題。不過台灣民眾多數還是希望住自有住宅，政府若不干擾住宅市場，或不讓房價下降，屋貴質差的問題將很難改善。

他建議，台灣社會住宅的興建，須先從房屋市場的利基出發，而不是直接挑戰現有市場的機制。例如用較低價錢租給剛出社會的年輕人，讓他們可以獨立住居，不必和父母擠住一起，讓家人可獲得較好的生活品質。

新的住宅形態有助社會融合

另外，為避免這種新形住宅被污名化，興建的模式不應專注「社會住宅」，應採和自有住宅混合，透過自有住宅的出售，提供補助租金的財源，這種方法也較容易維持整體社區的環境品質。

羅斯曼認為，荷蘭的多樣性住宅模式是台灣可以參考的方法，因為百年經驗告訴荷蘭，唯有結合社會住宅和商業住宅，才有可能給城市形成新的社會融合機會。

住房組織YMERE前主席雷思．包爾。

社會住宅也能成為金雞母

荷蘭最大的住房非營利組織YMERE，興建、管理社會住宅有百年經驗，它的前主席雷思．包爾（Lex Pouw）表示：「出售社會住宅的收入，是YMERE獲利的最主要來源。」

社會住宅也可以成為金雞母，這是怎麼回事？是因為政府提供補助嗎？「不、不、不，荷蘭政府一毛錢也沒出。」包爾解釋，荷蘭政府只管住宅政策，管理或興建建物的是像YMERE這樣的法人機構在執行；以YMERE為例，每年投入約五億歐元在整修或新建各式房屋，管理的房屋數約八萬兩千多個單位，二〇一〇年新蓋約一千八百間屋子。

由法人機構負責管理和興建

他強調，YMERE不是營利單位，但為確保為荷蘭民眾提供合宜住宅的工作可長可久，除了社會住宅，YMERE也建一般住宅、店面、辦公室等。以阿姆斯特丹為例，土地幾乎都是政府的，想要建任何東西，大多要先看政府提不提供土地，任何住宅建案，政府都會明訂其中要提供多少社會住宅。

對YMERE來說，手上的一般住宅或社會住宅都是資產，也都要向政府付土地租金，所以建材沒有不同。對承租戶來說，雖然付的房屋租金社宅和

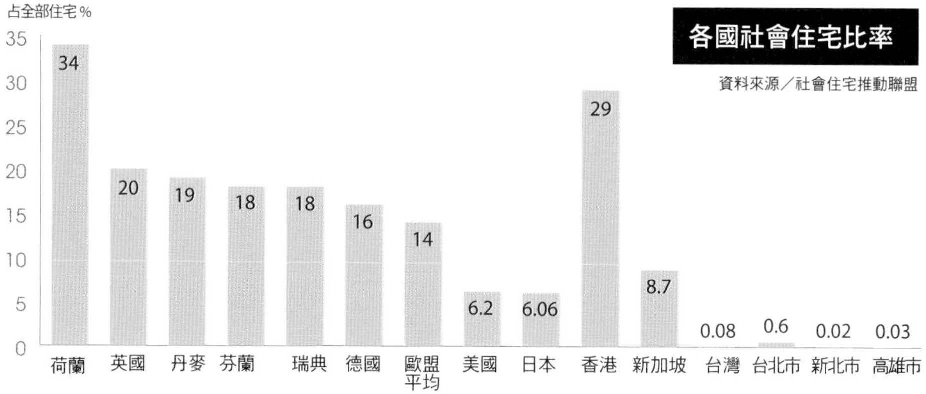

普通宅不同，但因前者有政府補貼，管理者的收入是一樣的。

出售社會住宅使用權，獲取盈餘

包爾表示，荷蘭的社會住宅是指房屋的使用方式，並不是指特定的哪間或哪棟房屋，再加上有時區域的使用方式會調整，或如這幾年鼓勵私有化（以減少政府負擔），有些原先用來當社會住宅的房子就會出售，當然買屋的人是買使用權，土地還是政府的，所以屋主要付土地租金給政府。

他進一步說明，因為社會住宅的租金上限政府會管控，所以出售社會住宅反而成了 YMERE 重要收入，但這些盈餘還是會回饋到相關的居民組織或活動，政府也會監督這些錢的流向。

流動率低造成供不應求

包爾說，荷蘭的社會住宅政策也面臨一些問題，最主要是流動率低，住進去的人多數就不搬了，中產階級者很多人其實有能力購屋，但租屋有補助，讓很多人寧願終身住社會住宅。所以就算阿姆斯特丹五成都是社會住宅，但還是供不應求、申請者等候的時間越來越長。

儘管仍有缺點，但荷蘭社會住宅制度在歷經一百多年的發展後，進化到今天的地步，雖不是最完美，但已經能讓大多數人滿意。

台灣

陳宛茜／文字
胡經周／攝影

阿美族文化永續發展協會理事長張慶豐對著祖靈石禱告。

溪洲釘子戶 轉型社會住宅先鋒

新店溪畔、小碧潭捷運站對岸的溪洲路上，有一片長滿雜草的荒地。溪洲阿美族文化永續發展協會理事長張慶豐撥開雜草，找到阿美族人遠從花蓮秀姑巒溪搬來的白色石頭。他對著這塊「祖靈石」垂首祈禱：「祖靈保佑，這裡將永遠是都市裡的原住民部落！」

這裡是「溪洲阿美族生活文化園區」預定地，它不僅是台灣首座「原住民社會住宅」，也將是台灣第一個以住宅法人形式推動的社會住宅。溪洲部落社會住宅一旦成功，不但可成為同為「都市原住民部落」小碧潭、三鶯部落學習的目標，也將成為台灣社會住宅的典範。

由張慶豐領頭組成的溪洲阿美族文化永續發展協會（簡稱溪洲協會），向新北市政府承租這塊土地，並申請建造社會住宅的經費，建造完成後再租給溪洲部落居民。這種由非營利組織專責興建、營運與管理的社會住宅模式，與荷蘭發展了近百年的「住宅法人」極為類似。

祖靈庇佑，阿美族人落地生根

三十五年前，張慶豐的父親張英雄，從花東阿美族部落來到都會台北，發現位於新店溪畔的溪洲路很像故鄉，在這裡搭起了另一個家。族人隨其腳

溪洲社會住宅將由居民參與設計，連小孩子的夢想都可望納入規畫。

溪洲部落將成為台灣首座原住民社會住宅的使用者。

結束一天工作後，溪洲居民習慣在聚會所圍坐話家常。規格化的國宅並不符合他們對「家」的期待。

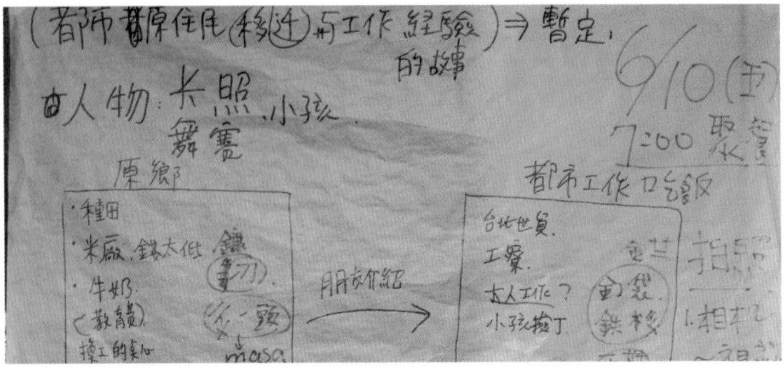

溪洲部落聚會所內張貼的開會紀錄。

步而至，如今這裡已是居住了四十戶人家、逾兩百位原住民的溪洲部落。

一如原住民在台灣的命運，溪洲人住了三十五年的家，法律上卻不屬於他們。歷經多次強制遷移的抗爭，張慶豐和多數族人選擇留在溪洲。

兩年前，在台大城鄉所的協助下，張慶豐成立溪洲阿美族文化永續發展協會，向政府爭取經費自建住宅。二〇一〇年遇上五都選舉炒熱社會住宅，新北市長朱立倫上任後訪視溪洲，承諾向中央爭取經費興建「原住民型社會住宅」，溪洲部落從「釘子戶」一變為台灣社會住宅先鋒。

政府撥給溪洲人一塊位於原部落旁的一．五公頃土地，作為社會住宅的基地。等溪洲人搬入社會住宅後，再將原來的違建部落拆除。

住戶參與設計，打造理想家園

溪洲發展協會除了以法人形式承租土地，還有權決定住宅的形式。溪洲人接受台大城鄉所的建議，引進日本社會住宅「參與式設計」的模式，讓住戶和設計師一起討論、設計房屋，每戶住戶都可打造自己心中的理想家園。

包括張英雄父子在內的溪洲人，來到都市後多從事營造業。張慶豐指著對岸高聳入雲的豪宅建案表示，許多族人曾在此打工，「他們站在這麼高的地方往下看溪洲，卻還是說我要住溪洲！」

「我們也有族人搬到政府為原住民設置的國宅。但他們不習慣，下班

溪洲社會住宅一旦成功，將成為台灣都市原住民的典範。

原住民相當重視供族人聚會的廣場，溪洲社會住宅也將廣場列入設計。

後還是回到溪洲和族人聊天。」在張慶豐眼中，房子不只是鋼筋水泥。

張慶豐表示，不少原住民生活清苦，住國宅也無力按時繳納租金。因此溪洲協會採「共有制」，由協會代租戶統一向政府繳納租金，欠租的住戶則以分期付款償還。而當「溪洲阿美族生活文化園區」完成後，張慶豐希望以原住民歌舞等表演節目賺取經費，所得利潤皆回饋於社會住宅的管理營運。

法令無彈性，夢想仍須努力

「溪洲阿美族生活文化園區」一談兩年，卻連經費和租金都還沒談定。張慶豐說，他們希望比照美國學校在台租地建校的租費，以千分之四的租金承租這塊地，政府卻以「美國學校是特例」為由，迄今不肯回應。「為什麼美國可以，在台灣居住幾百年的原住民不可以？」

溪洲部落原有四十戶人家，其中六戶不符合「經濟弱勢」條件，被政府剔除於社會住宅的名單之中。張慶豐認為，荷蘭的社會住宅可擴及中產階級，「最重要的是溪洲人想住在一起。」

只有談到正在設計的家時，張慶豐的眼睛才會閃閃發亮。「我希望客廳要很大、有火爐；房子前有小庭院，左鄰右舍可以一起坐下來吹風、聊天……」他說，幸福不是被房地產商統一格式化的「住豪宅吹冷氣」。

這不只是溪洲人的夢，也是所有台灣人的夢。

少賣國有地，多蓋社會住宅
——專訪夏鑄九

推行社會住宅，許多官員提出要學新加坡、香港的公屋政策。台大城鄉所教授夏鑄九直言：「台灣政府公權力不如星港！」台灣卻擁有華人世界中最成熟的公民社會，應以民間力量來推動社會住宅。

由民間組織住宅法人經營管理

夏鑄九指出，台灣政府應以荷蘭經驗為師，協助民間成立非營利組織「住宅法人」，專責社會住宅的興建管理。此舉將是台灣社會住宅成敗的關鍵。

如今各都會首長推行社會住宅，只要地點一曝光，便會引發居民陳情抗議。夏鑄九認為，「在哪裡、有多少戶」只是社會住宅政策中的枝微末節。社會住宅政策關鍵的第一步，應是成立專責經營管理的組織。

在荷蘭，社會住宅由住宅法人興建與經營管理、市政府監督。住宅法人為非營利組織，必須將其利潤再投資於社會住宅。住宅法人所做的案子不限於社會住宅計畫案，也可以與開發商合作商業住宅，或是社會住宅與商業住宅混合的計畫案。如此可讓社會住宅與商業住宅「混居」，避免淪為貧民窟。然而，住宅法人必須將最終利潤再投資於社會住宅。

台灣 vs 荷蘭國家比較

台灣		荷蘭
2312 萬	人口	1659 萬
3.6 萬平方公里	面積	4.1 萬平方公里
780 萬	總家戶數	704 萬
637	人口密度（每平方公里）	491
20,933	GDP（美元）2011 年預測值	47,172
78.57	平均壽命	78.60
0.829	生育率	1.76

在「住宅法」中明列管理辦法

將荷蘭的住宅法人移植到台灣。夏鑄九指出，內政府可在「住宅法」中明列條款，要求各都會政府協助成立住宅法人。各都會政府成立機關，負責規畫社會住宅的土地與住戶，再將土地低於市價租予住宅法人、住戶名單也交予住宅法人、興建與經營管理也通通交予住宅法人。

目前所推出的各版本社會住宅，極少著墨於「社會住宅的管理」，它卻是荷蘭住宅法人相當重要的功能，也是維持社會住宅品質的關鍵。

六成荷蘭人可申請社會住宅，包括無屋的中產階級。夏鑄九說，台灣的無殼蝸牛問題比荷蘭嚴重，社會住宅的服務對象也應涵蓋較寬廣的社會階級——從低收入者到中收入者，占社會總人口的六成都具申請的權利。

少賣國有地，排除土地投機炒作

此外，推行社會住宅的初期必須堅持「只租不賣」，否則將重蹈國宅的覆轍。夏鑄九說，荷蘭也是等社會住宅成熟到一個階段後，才允許販售少數社會住宅。

荷蘭社會住宅所以成功，跟土地國有化有關，如阿姆斯特丹市政府便擁有八成的市地。夏鑄九指出，台灣國有地目前還不少，足以滿足現階段的社會住宅需求，只要「政府不要再賣國有地了！」

CITY CROSS
adidas
BROMMA CENTER
Girls & Rock

2 CHAPTER

訂做好爸爸

完善的托育政策，讓瑞典女人樂於生孩子。

瑞典

梁玉芳／文字
陳柏亨／攝影

完善福利帶動高生育率

「你不會孤單地成為父母。」斯德哥爾摩市家庭中心的社工蓮娜溫柔的一句話，卻是瑞典打破先進國家「女性高教育、高就業率，一定兼有低生育率」魔咒的關鍵——養兒育女是國家大事。

人口九百萬的瑞典，擁有八成的女性勞動參與率，女人更「生生不息」，擁有傲視全歐的高生育率：平均每名女性生育一．九個小孩。相較之下，台灣女性就業率徘徊在五成邊緣，生育率卻落得在全球吊車尾，二〇一〇年只有〇．九，難怪馬英九總統要疾呼這是「國安問題」。

四百八十天有薪親職假

如果國家盡全力支持你生兒育女，讓你不用在職涯及生育中兩難；從準備懷孕開始，政府提供產檢到小兒護士的免費支持；小孩一出生，父母可享約一年半的有薪親職假，之後有平價托育、課前及課後照顧，上學免費，小孩十六歲前每個月還給約新台幣五千元的兒童津貼——你還會如此猶豫要不要生小孩嗎？

這就是瑞典達成高生育率目標的祕訣：對全面家庭友善的福利政策（不只是限於中低收入戶的殘補式福利），與普及的、付得起的公共托育制度。

瑞典人認為，養兒育女是國家大事。國家照顧父母，父母快樂，才有快樂的孩子。

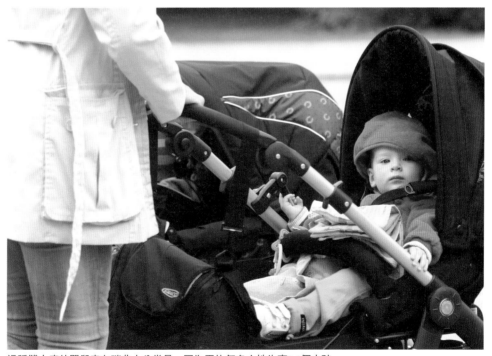

這種雙人座的嬰兒車在瑞典十分常見，因為平均每名女性生育1.9個小孩。

準爸爸約拿・法格倫陪女友來產檢，兩人掩不住笑意。

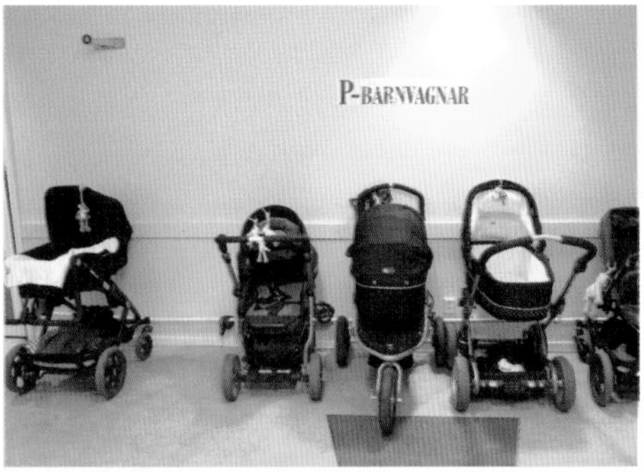

牆上的瑞典文意指：嬰兒車停車場。

社區家庭中心提供支援

為每對父母撐腰的「家庭中心」是其中一環。蓮娜工作的力力何曼區家庭中心，就在地鐵站旁熱鬧的購物中心裡。一出電梯，偌大的走廊上寫著「P-Barnvagnar」，意思是「嬰兒車停車場」。嬰兒車海非常壯觀，這是苦於少子女化的台灣少見的夢幻場面。

蓮娜解釋，瑞典各社區都有家庭中心，提供育兒父母的一切所需，通常包括：助產士中心、父母支持中心、幼兒健康中心，以及供育兒父母聚會的「開放式幼兒園」，毋須註冊，想來就來，大人小孩在此唱歌、做勞作或打架；家長相互打氣，也能降低孩子未來上幼兒園時的分離焦慮。

「我們還把『產婦中心』改名為中性的『助產士中心』。」蓮娜說，好讓男性覺得生育不只是「女人的事」。

國家幫助你生養小孩

準爸爸約拿・法格倫陪著女友來產檢，「寶寶再一個月零一天就要出生了。」他精確地說，今天要聽胎音、量肚皮大小，看胎位是不是正常。作為準父親，法格倫十分投入。

其他房間裡，「媽媽團體」正討論嬰兒營養；「新手爸媽」的六母一父都帶著嬰兒，資深治療師正在帶領大家說出經歷生產的惶恐與痛苦。瑞典政府連父母的心情都管？「當然，你不會孤單地成為父母。」蓮娜說，整個

新手父母團體由心理師（左）帶領說出經歷生產的恐懼及壓力。

爸爸提著新生兒來體檢，男人育兒不缺席。

幼兒園的媽媽和孩子與老師座談，不同膚色的移民十分常見。

斯德哥爾摩副市長安娜‧傑摩兒是媽媽，也是全職職業婦女。

國家都幫你。

無微不至、環環相扣地支持人民成為父母，以國家力量協助孩子成長，這是一九三〇年代也曾歷經人口危機的瑞典，解決少子女化問題的催生哲學。當時總理韓森提出「人民之家」口號，照顧人民「從搖籃到墳墓」。

到六〇年代，勞工短缺，亟需女性投入職場，於是政府廣設托育設施，協助女性返回就業市場，更確立福利與勞動政策結合，「享受福利」和「工作納稅」支撐，造就令人驚奇的瑞典模式。

瑞典沒有家庭主婦

「我們沒有『家庭主婦』！在瑞典，每個人都工作。」這是此行托育訪談最常聽到的開場白。斯德哥爾摩市年輕美麗的副市長安娜‧傑摩兒就是一例，掌管全市福利，兩歲兒子是她的驕傲。

「工作對女人和男人一樣重要，這是我的身分認同。」安娜說，托育制度加上伴侶支持，讓她在工作上實現自我。兒子出生時，她是國會議員，丈夫請了幾周假照顧新生兒；接著她請了六個月親職假；當她回到國會，先生再請八個月親職假，比她請的還長。如今她在市政府任職，孩子上公共幼兒園，學費不超過家庭收入百分之三。

「瑞典生育率下降時，政府政策並不以鼓勵婦女生育為要件，而是轉而鼓勵婦女投入勞動市場，並同時推行兩性平權政策，提供追求家庭與職涯的途徑。」中央研究院人口政策建議書的結語這麼說，可見女性的高就業率與高生育率是可以同時並存的。

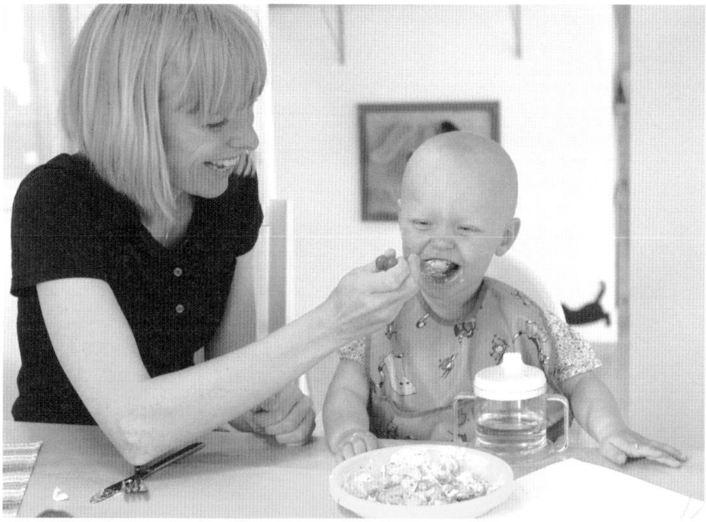

有薪親職假讓父母都能兼顧育兒與工作。

瑞典女人不會因為生子，而必須辭去工作。

熱愛大自然的瑞典人，推著嬰兒車到森林散步的場景十分常見。

瑞典女性統計速寫

女性勞動參與率：81%（男性：88%）／台灣：不到 50%

高生育率：1.9 個／台灣：0.9 個

高托育率：公共托育涵蓋 8 成以上兒童／台灣：3 成

從生到養，國家照顧

健康（全部免費）

產檢

生產及產前父母教育及諮商

新手父母團體及課程

哺乳中心

全程陪伴的專屬小兒護士

家庭治療師

經濟

孕婦津貼：生產前 6 個月若無法工作，可請領 8 成薪資津貼，最多 50 天。

有給親職假：480 天，小孩 8 歲前都可以申請。

新生兒照顧假：父親可請 10 天。

臨時照顧假：家中有 12 歲以下小孩，每個小孩每年可以請 120 天照顧假，應付生病或其他狀況，津貼是薪資 8 成。

兒童津貼：每個月 1050 克朗，可以領到 16 歲。

九年教育免學費：7 到 15 歲。

推嬰兒車上公車：免費 (於首都斯德哥爾摩)。

托育

幼兒園：各式特色的幼兒園，包括森林幼兒園、藝術、語言、雙語、科學及一般幼兒園等。

開放幼兒園：不須註冊，免費供在家育嬰的親子共同遊戲。

公共運動及活動空間：活化圖書館及體育場。

課餘休閒班：規定學校或社區須開設課前及課後照顧，好讓父母安心工作。

資料來源／楊佳羚《台灣女生，瑞典樂活》、Swedish Institute

這周的學習主題是「水」，孩子從遊戲中學習。

斯德哥爾摩一處社區幼兒園。

平價托育 生得越多付得越少

瑞典完善的家庭制度成功孕育出生生不息的高生育率，關鍵之一在於人性化的平價托育收費制度：不是依人頭均一價，而是視家長收入、幼兒人數遞減的計價方式，生越多付越少。

曾任瑞典南部隆德市議員的妮塔・羅莉茱問政之餘，是藝術家，並努力生了四個小孩。她說，有一年和丈夫旅居英國，在倫敦四處找幼兒園托兒時，被高價的收費嚇住，「連我們都付不起！」當下，她和教授丈夫才知道瑞典的公共托育是多麼公道，不會是有錢人的專利。

托育費用不超過家庭收入3%

瑞典隆德大學社會學博士楊佳羚指出，瑞典的幼托是由地方政府負責，但都是同樣精神：依父母收入收費，學前托育收費不超過收入的百分之一到三，並訂出金額上限；上了小學後，課餘照顧服務費用也不能超過家庭收入的百分之一到二；第二、三個小孩算法又各自不同。

總之，她形容：「就算是瑞典最有錢的家庭，若生三個小孩，一個月幼托費用只要兩千兩百二十六克朗，約新台幣一萬元就夠了。」

羅莉茱說，於是當他們的老三、老四雙胞胎一起上幼兒園時，「幾乎

瑞典幼托收費

		小孩 1	小孩 2	小孩 3	小孩 4
幼兒園／保母　1-3 歲	薪資比例（%）	3	2	1	免費
	上限（克朗）	1260	840	420	
幼兒園／保母　4-5 歲	薪資比例（%）	2.4	1.6	0.8	
	上限（克朗）	1008	672	336	
幼兒園／保母　6-9 歲	薪資比例（%）	2	1	0.7	
	上限（克朗）	840	420	294	
幼兒園／保母　10-12 歲	薪資比例（%）	1.33	0.75	0.6	
	上限（克朗）	559	315	252	

註
1. 以大學城隆德市為例
2. 1 瑞典克朗＝ 4.5 元新台幣
3. 指最小的小孩
資料來源／楊佳羚《台灣女生，瑞典樂活》

是免費」。這時他們覺得：「我繳很高的稅，真的很值得。」

台灣托育費用驚人，瑞典咋舌

電信業易利信發跡的斯德哥爾摩 Telefonplan 社區，幼兒園園長西西利亞．荷姆和老師們好奇詢問台灣托育狀況，攝影記者說起兒子沒抽到公立幼稚園，所以打算讓他去念私立幼兒園了。私幼收費是一個月兩萬元，約是四千克朗，引起一陣驚呼：「很貴！」他們還沒考慮到，台灣人的平均收入是瑞典的五分之一。

瑞典園長接著問：那生第二個小孩，就不用繳這麼貴吧？喔，不是，在台灣，不論生幾個小孩，托育均一價；生兩個，若忍心一起上私立幼兒園，就是新台幣四萬元。「哇！」又是一陣驚呼。

瑞典托育還有一項有趣設計：校長或園長不需要一校一個，像西西利亞．荷姆一人管九家幼兒園，手下有多位副園長，各自再管二到三家幼兒園；因為他們認為，重點是要有足夠的老師來照顧孩子，確保兒童受到良好照顧；寧願花薪水多請老師，但園長倒是可以多校共用一個就行。

「學會生活、學會解決問題」，是瑞典教育很重要的目標。

孩子從小學習生活技能，成為獨立的人。

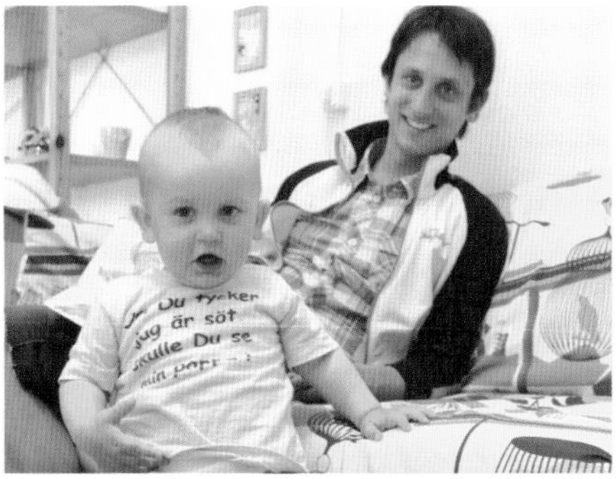

一歲多的溫斯頓T恤上寫著：「如果你覺得我很可愛，你應該見見我爹。」

男性親職假打造超級奶爸

瑞典首都斯德哥爾摩力力何曼（Liljeholmen）社區的「開放幼兒園」裡，吉他聲一撥，所有家長抓著一兩歲的小小孩圍成一大圈，開始唱瑞典兒歌。父母重溫童年，小孩跟著呀呀叫歡鬧著。一歲又三個月大的胖小子溫斯頓突然竄到圓圈中心傻笑。他的小T恤上寫著：「如果你覺得我很可愛，你應該見見我爹。」

「親職假是我人生最好的決定」

三十二歲的爸爸尼可拉斯笑嘻嘻地看著兒子耍寶。他是請了六個月「親職假」的賭場發牌員，比法定的兩個月「父親月」還長。曾經靈巧推籌碼的雙手，現在忙著幫兒子擦口水。「當你看過世界，知道人生的派對、冒險結束了，該是陪兒子成長的時候了，」他說，更何況，「你休（親職）假，政府還給錢。」

在瑞典南部的隆德，正在休親職假的羅伯熟練地從嬰兒袋裡拿出香蕉，在自備的碗裡壓成香蕉泥餵九個月大的兒子。「親職假是瑞典最好的政策，親職假是我人生裡最好的決定。孩子的童年只有一次。」當老師的羅伯說得真誠：「我女友先請了五個月親職假，現在輪到老爸上場了。」他很得意：「現在我對兒子的了解比她多，她還得問我。」

大學教授馬茲・班納熱愛「育兒爸爸」的角色。

料理孩子晚餐駕輕就熟。

男性的人生必修課——當爸爸

一向扮演「養家活口角色（bread winner）」的男人，在瑞典，已對「父職角色」有全然不同的體認：從職場暫時抽離，參與育兒、分擔家務，享受「當個爸爸」的親密愉悅，似已成為男性的人生必修課——不論有沒有結婚（瑞典承認同居伴侶組成家庭的合法權利）。

不覺得育兒是女人的事嗎？「不，孩子需要媽媽，也會需要爸爸。」時尚的奶爸歐爾松是網站設計師。他說：「我想要參與，我是家庭的一分子，我想和女友分享生活中的好和壞。我反而想問：你們的文化裡為何不這麼做？」

於是，「推著嬰兒車的男人」成了瑞典最尋常的街景。育兒男人幾乎無處不在：推著嬰兒車慢跑、逛超市、喝咖啡、上兒童戲院；戰車型嬰兒車推上地鐵，裡頭是大小兩兒，老爸毫不害羞地抱起小的，哼起兒歌。甚至常見幾個大男人各自推著嬰兒車，在路邊酒館喝啤酒！

對照台灣，全職居家父親很罕見，請育嬰假的父親一直是稀有動物；上班族父親即使回家偶爾幫忙幼兒洗澡，也會被讚為「新好男人」，似乎育兒是女人「天職」。但當女性承擔了大部分的育兒及家務重擔，還要兼顧工作，結果是女人「懼婚、拒生」；中央研究院二〇一一年初發表的〈人口政策建議書〉就把「家務性別平權」列為解決少子女化的藥方之一。

瑞典制度如何影響父職

親職津貼：父母均領，起於 1974 年；2002 年修改為父母可領 480 天親職津貼，前 390 天是薪資 8 成；60 天保留給父親。

父親日（Daddy Day）：孩子誕生後 60 天內請 10 天，可領薪資的 8 成，以照顧新生兒及產婦。

父親月（Daddy Month）：為了強化父職參與，親職津貼中父親須請兩個月，不得轉讓給母親。

「父親月」只有男性才有

於是，瑞典在一九九五年修法，規定親職假一定要有一個月是「父親月」，得由男性申請，不得轉讓給女性；二〇〇二年，更將父親月延長為兩個月，可領八成薪。

此舉果然奏效。二〇〇三年申請親職假的父母，有百分之四十三是男性，是一九七四年的百分之四的十倍；大約近一半的瑞典父親都享用了這項權利；在首都比率更高，家庭中心社工麥可・倫格蘭說，約有八成五的父親都使用了六十天的父親假。楊佳羚認為，瑞典是以國家政策「鼓勵」及「強迫」男人成為父親的。

力力何曼開放幼兒園的保育員史蒂娜・阿掬生觀察，立法之後，近十年來，帶著孩子來參加的父親越來越多，母親和父親人數幾乎是三比二。

在隆德大學任教的馬茲・班納說，大兒子出生時，他在一九九八年第一次請親職假時，推著嬰兒車到遊戲場，「我是女人堆裡少見的男人。」不過，當〇六年為小女兒再請親職假時，街上早就多的是比他更年輕的時髦帥爸，育兒父親已是龐大族群。

「社會已經不一樣了，我父親那一輩，整天總是忙著工作，有一次我開玩笑跟他說：『我從沒在白天見過你。』父親當然不是很開心。」班納說，他不想成為那樣與家人疏離的父親。「滿口孩子經不會讓我覺得失去男子氣概，相反地，這才是男子氣概，時髦的男子氣概啊。」

「開放幼兒園」讓請親職假的父母帶著幼兒在此交誼，唱歌、遊戲，不會「宅」在家裡。

爹地請親職假
瑞典離婚率降三成

就統計上來看，雖然瑞典男人會請親職假，但在天數上，請領天數仍遠低於女人。斯德哥爾摩社福官員瑪麗亞說，這是出於經濟理性，因為瑞典男人的收入通常高於女人，讓低薪者在家，是一般家庭會有的選擇。但以她自己為例，「我薪水比丈夫高，所以他請的親職假比我長。」

瑞典男人雖達不到理想的標準，但是制度的牽引，仍有傑出成果：瑞典同時兼有高女性就業率及歐洲最高的出生率。這可以歸結到請親職假的男人嗎？是的，研究指出，父親請親職假的家庭更容易生第二個小孩。

從計畫懷孕開始學做父親

父職角色起於伴侶準備懷孕時。瑞典政府甚至為男人提供免費的「父親課程」，讓男人在成為父親之前，準備好自己，在心理上和技能上真正成為「育兒者」。擔任政府「父親課程」講師十一年的馬茲．柏格倫說，男人參與育兒除了讓女人考慮多生之外，也可能挽救婚姻。斯德哥爾摩大學的研究指出，父親請親職假的家庭，離婚風險低了三成。

瑞典的性別平等評比全球名列前茅，政府部門拍攝大量文宣海報鼓勵父職，包括知名瑞典舉重選手用壯碩的手臂，愛憐地舉抱著光溜溜的小嬰

瑞典好爸爸是政策「打造」出來的，鼓勵男人從伴侶懷孕就參與，親職假也有專屬男人的「父親月」，孩子成長父親不缺席。

非洲裔的父親帶著女兒曬太陽，共享美好時光。

兒；工會領袖也寫了公開信，呼籲會員盡可能讓員工能無後顧之憂地「陪妻子一同出席產檢」，及早揣摩父職應有的參與感。

男人也能享受全職育兒的快樂

柏格倫說，男人該聽聽自己的聲音，「怕失業還是怕失去家庭，你自己決定」；他很有把握地說，終究多數的男人會覺得，休親職假，暫時從職場退下還是值得的。「親職假是很美的設計，讓你不須辭職，就能享受全職父親的快樂，這是再多事業成就也換不來的。」

他也建議女性要給男人多一些空間參與，因為重要的不是女性自己怎麼想，而是孩子的感受。例如換尿布或哄小孩睡覺的方法，沒有對錯，只要孩子能接受就可以了。

男人需要親職假的 10 個理由

1. 這是正常的事。爸爸也須盡為人父的責任。
2. 這是爸爸留在家裡的正當理由。
3. 讓男人的人生更平衡。
4. 更可以承受壓力。帶小孩不容易啊！
5. 不用上成長課程，育兒讓你學會聽，用不同角度看事情。
6. 會更有創造力。小孩會激發你的應變能力。
7. 小孩需要你。爸媽不缺席，讓他們更有安全感。
8. 不用別人轉告，就能知道孩子成長的變化，因為你就在現場。
9. 你會很快樂，因為孩子的愛很直接。
10. 避免後悔，小孩的成長無法重來。

資料來源：馬茲．柏格倫

父親帶著兩名幼兒逛街，一個人就搞定。

「休假育兒」成為時尚男人成功象徵

瑞典的親職假制度造就「好爸爸」，以法令稍解男人在「cash or care」間擺盪的掙扎；若再加上瑞典從幼兒園就開始的「性別平等教育」，從小就打造出習慣「男女平等分擔責任」的平權公民，更使得參與育兒成為男性經驗中的自然而然。

推嬰兒車的男人最帥氣

在政策及教育之外，若從文化面分析，隆德大學教授馬茲．班納觀察，推著嬰兒車的育兒男人已成為一種「時髦」，是「成功的象徵」，也讓休親職假、當個「育兒爸」，成為時尚男人的另類驅力。

班納說，尤其是在隆德（大學城）或斯德哥爾摩這類的高收入的城市，能夠請親職假，可以在別人的上班時間推著嬰兒車趴趴走、曬太陽，這幾乎是地位的表徵；因為能搞定老闆，安全休得親職假，這表示「你很行，你能很成功地整合你的職涯和你的家庭生涯」，同時搞定兩者，還可以推著嬰兒車去跟朋友社交，這可炫了。

班納為三名小孩都請過親職假，大學同事打趣地送他一面錦旗：「我是育兒爸爸，親職假休假中！」他驕傲地掛在研究室門口；「今年，換他請親職假去了，我把旗子回贈給他。」

大人扛著小孩踏青去，瑞典女人跟男人一樣夠力。

育兒經成為新的 men's talk

請親職假的男同事不少，在教師休息室大家談的都是「孩子」、「家庭」、「關係」，這些傳統「婆婆媽媽」的話題，早已取代「球賽」、「升遷」、「休假去哪裡」這類的 men's talk。

斯德哥爾摩市社福官員瑪麗亞指出，政策與制度牽引了個人的選擇，影響生活方式，親職責任的分配，甚至能引導傳統文化的改變。

家庭治療師麥可．倫格蘭說，他的朋友甚至會對不請親職假的人說：「不回家陪小孩？你算是哪門子父親啊？」

也有研究顯示，教育程度越高的父親，請親職假的天數越長，原因一是更看重與孩子的關係，二是更有力量與籌碼與雇主協商。

社會氣氛改變，雇主逐漸接受

班納的同居女友歐莎是隆德大學社會政策系教授，她說，雖然法令規定了親職假的權利，但雇主還是有很多辦法讓你不好過，像是問你：「非得現在請嗎？」「一定要請這麼久嗎？」但社會氣氛已在改變。

斯德哥爾摩亞伯拉罕堡小學的幼兒教師馬可斯，提出八個月親職假要求的時候，他的主管安．葛羅斯說她既痛苦又開心。「很難找到像他這樣的好手；即使有，也很難只請八個月。不過，雖然人事安排麻煩，但這一切都很值得。」

有了國家社會支持，馬可斯在家專心當四個孩子的爸，把身為人父的驕傲刺在他手臂上：八個月大的女兒瑪雅、一歲半的兒子伊達及四歲、五歲的兄姊，名字與生日成了美麗刺青，這是育兒爸爸愛的印記。

打扮得像時尚模特兒的年輕父親，在靜謐午後推著鮮紅嬰兒車在湖邊漫步。

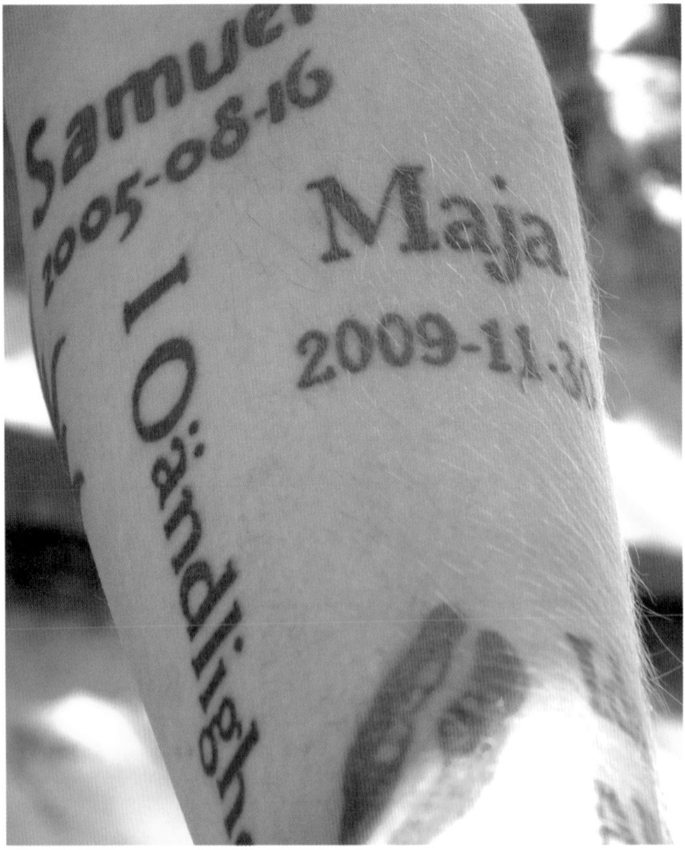

正請親職假的馬可斯手上刺了四名兒女的名字及生日，這是愛的印記。

鼓勵孩子們做做任何他們想做的事。

男孩與女孩可以做任何想做的事，不因性別設限。

兩性平等從幼兒園教育開始

瑞典的托育制度其實是奠基於兩性平權的終極價值；瑞典「性別平等教育」從幼兒園就開始，也是獨樹一幟。

不刻意區別男生女生

「教育是性別中立的。」亞伯拉罕堡課餘休閒中心的安．葛羅斯說，老師視小孩為個人，不是「男孩」或「女孩」。分組也不會男生一邊、女生一邊；鼓勵孩子做任何他們想做的事，絕不會說「女孩子不玩這個」、或是對男孩說「別像個女生」，不在言辭上貶低另一個性別或設限。

園裡原本的 doll room（娃娃屋），也改名 play room（玩樂屋），小男孩也自然地去玩填充玩具，從名稱顛覆性別藩籬。

著重實用的生活教育

斯德哥爾摩社福官員曼納紅說，瑞典的課程非常重實用性，從幼兒園就開始學習成為「獨立的人」；到了中學，木工、烹飪、修車等課程，男女都學，瑞典爸爸做家事，也就不足為奇；學校連「家庭預算」、「健康飲食」都要教，「這些跟數學課程一樣算分數，一樣重要」。她知道許多亞洲國家

瑞典「性別平等教育」從幼兒園開始。

在學校只教智識課程，但「教育的目的不就是為了生活嗎」？

大自然是最好的教室

五、六歲的大小孩穿上反光背心，整裝待發。這天是森林幼兒園到湖邊上課的日子。男老師理察推著推車，帶了一天所需：蠟筆、畫紙、牛奶、麵包、保溫的午餐、洗手的水、衛生紙，還有供戶外「方便」的小小便椅。

這天要教小朋友帶狗兒出門得上鍊繩，女老師黎安娜要小朋友到草叢裡找出事先藏好的紙片狗，為它們綁上彩帶。孩子四處翻找，一時間四處都是牽著紙片狗蹓躂的小大人。

「大自然就是最好的教室。」園長瑪莉·馬柏格說，在大自然裡唱兒歌、用樹枝排出字母、撿石頭數數兒，都是學習，更重要的是，要教給下一代瑞典人「尊重大自然」的傳統。

瑪莉說，「Allemansrätten」或稱「每個人的權利」是瑞典文化源自中世紀的傳統，強調每個人都有近用大自然的權利，包括摘取野莓、野菇（即使是私人土地）；原則就是：「不驚擾、不破壞」，讓大自然為人類及萬物共享。

森林幼兒園的小朋友穿上反光背心，到湖邊上課。

大自然就是最好的教室。瑞典小朋友從小接觸，自然而然會懂得尊重大自然的傳統。

瑞典社會安全部部長吾爾夫・克斯特松。

型男部長，也當過全職奶爸
——專訪社會安全部長克斯特松

在瑞典社會安全部的官網上，打著彩色時髦領帶的部長吾爾夫・克斯特松（Ulf Kristersson），看來像北歐設計雜誌上的型男。我國駐瑞典代表朱文祥說他是沒有僚氣的官員。

果然，這位部長和其他瑞典男人一樣，說起父親親職假，樂在其中。在專訪中，也不刻意提起三名子女是領養來的。他曾為目前執政的溫和黨制訂家庭政策，但因支持父親親職假引起爭議，因為溫和黨主張，要不要休假是「個人選擇」。以下是專訪紀要。

三名子女都是領養的

問：您請過親職假在家帶小孩，可以談談當「家庭主夫」的經驗嗎？

瑞典的親職假設計，有兩個月是專門給父親的。我在大女兒小時候，請了六個月的親職假。那時我還在私人部門工作，沒什麼大問題。

育兒向來被視為是女人的工作，但現代越來越多男人樂於參與，制度的設計也加速這一點。通常的情況是，媽媽先請九、十個月的親職假，親自哺乳，接著輪到爸爸請親職假，媽媽出去工作。當孩子一歲半，大概就可以上幼兒園了。我最小的孩子加入家庭時，我已經踏入政界了。那時是斯德哥爾摩附近一個市的市長，我運用親職假的方式是一周請一天。也就是說，我一周工作四天，有三天在家帶小孩，這樣維持了半年。

家庭事業，設法兼顧

然後，因為我太太的工作，我們在北京住了一陣子。那時候，我請了四個月的親職假，在北京當全職奶爸。那時，我是斯德哥爾摩副市長。我和市長商量，我只請四個月，因為如果我請太久，大家都要抓狂了！

幸好，市政運作主要還是市長，我的部屬也為我分擔不少。不過，我們必須承認，在那四個月，我的辦公室是稍微不那麼活躍，比較沒有端出新的創新計畫。

在我現在的部長職位上，就不太可能請親職長假了。但我的同事仍然可以生小孩，我們會盡量想出兼顧家庭和工作的解決方案。

問：之前請親職假，全職帶小孩，對你有何影響？

照顧小貝比的感覺超讚

照顧小貝比是很特別的責任，它創造了一種非常讚的感受，不只是責任感，還長出對自己的自信——你和孩子的母親（不論是太太或女朋友）聊小孩，你永遠知道她說的是什麼，你不用聽別人轉述，因為孩子成長的時候，你就在現場。你照顧小孩，你料理家務，你們有共同的經驗。

瑞典就像其他現代國家，伴侶難免會分手，我們試著以政策避免這些悲劇。但我們不該對伴侶分手太「道德化」。當伴侶分手，雙方該有同樣的認知：要當負責任的父母。社會有許多理由接受「人就是會分手」，但絕不能接受「消失的父親」，這非常重要。

問：在您的育嬰經驗中，有任何印象深刻的事可以與讀者分享嗎？

最深刻的印象就是：啊，時間過得飛快！

原本你會以為，只是帶一個十個月大的小小孩嘛，整天都是自己的時間，可以想做什麼就做什麼；其實，忙死了，料理小孩根本閒不下來。我妻子回到家問我：「為什麼沒打掃房子？」她以為我在家會有空打掃的。我回她：「真抱歉，我忙著照顧小孩，沒空掃。」她說：「你知道，她不過才十個月大？」「對，就是她讓我很忙。」我說。

家庭童話要親身經歷才精彩

現在我每周可以講些「真實的故事」給孩子聽，像我的七歲雙胞胎，就很愛聽我講他們小時候半夜哭了，我得摸下床，一手一個抱他們下樓餵奶，不管哪個餓了，我一次就餵兩個——我可不想半夜再起床餵另一個。

這些事他們很愛聽，這種真實版家庭童話，只有你自己真的經歷過，你才講得出來。

上班族媽媽鄭偉珊下了班，接女兒回家，天色已暗。潘俊宏／攝影。

台灣

梁玉芳／文字

雙薪家庭，養兒淪為月光族

嘉義中正大學博士班學生杜承嶸每天傍晚有最重要的約會：他和當老師的太太分頭趕到保母家會合，逗逗八個月大的小兒子，聽保母聊兒子又有哪些新把戲。一家三口吃過晚飯，他又趕回研究室拚論文。

家庭工作兩頭燒

疲於奔波，但「至少可以看到兒子醒著的樣子」。他說，這是一家三口相聚僅有的「優質時間」；若不如此，「我怕兒子不認識爸爸了。」但對遠在台南，讓阿公阿嬤帶的三歲大兒子，他只能靠電話聽孩子叫爸爸。每周開車南下見一次面，小男孩面對分離的哭泣，總讓父母不忍。

杜承嶸只嘆：「養小孩成本真高。」心理和經濟上都是。

上班族媽媽鄭偉珊每天下班，要趕去公司附近的幼稚園接女兒，再一起搭公車換捷運，從中和回到台北市的家。她有時心想：如果每個社區都有幼稚園，小孩不用跟著奔波，該有多好？

托兒費用占掉三成薪

鄭偉珊算著，她和先生的薪水，三分之一用來養小孩，三分之一繳房貸，其他伙食、生活用掉三分之一，「有了小孩，真的很容易變『月光族』。」

鄭偉珊和先生一直想再生第二胎，卻因養小孩代價太高，考慮了兩年多。潘俊宏／攝影。

全職媽媽李佩思帶著四歲兒子上律動班，為了找平價的幼兒園傷透腦筋。陳柏亨／攝影。

如何讓女人不須在育兒與職涯中抉擇，是解決少子化問題的關鍵。潘俊宏／攝影。

她想生第二胎，請兩年育嬰假可省掉保母費，但只有六個月有六成薪，其他一年半就得靠先生一份薪水。夫妻倆考慮再考慮，一拖又是兩年。她笑著安慰自己：「政府催生利多變來變去，走一步算一步吧！」

托育良莠不齊，家長難心安

家庭和職涯很難兩全，是台灣雙薪家庭尤其職業婦女的困境。依行政院主計處的婦女婚育調查顯示，約五成五的媽媽選擇自己在家帶小孩，三成五是託給親屬照顧，近一成是交給保母，還有極少數的百分之〇・三是外傭代勞。

缺乏普及、可負擔的公共托育，有育兒需求的父母只能在「家人」及「市場」中自尋出路。若沒有親人可伸援，只能靠「購買服務」；但托育營利化的結果，是價格飆高及照顧品質良莠不齊。

二〇一一年年初，一名哭鬧女嬰被放入置物櫃隔離哭聲，卻窒息死亡；二〇一〇年五月，二十四小時托育的女嬰死亡後，無照保母竟把嬰屍裝在收納箱棄置父母家門口。密集的托兒悲劇實令父母驚悚又無可奈何。

擠進公幼，比上大學還難

依主計處調查，全國保母日托平均是每月一萬五千元，幾乎占女性平均薪資的一半。價格之外，品質也堪憂。行政院消保會調查發現，全台托育機構不合格率高達七成四；問題包括超收、進用不合格人員、合法掩飾非法、巧立名目擴充招生等等。

就數字看，台灣公立托兒所家數與私立托兒所收托人數是三比七，但私幼收費卻是公立的三至五倍，為了「搶進」公立窄門，比上大學更難。

台大畢業的全職媽媽李佩思，近日為四歲兒子上幼稚園的事大傷腦筋。她上網勤做功課、看其他父母經驗，「真要上私立的雙語幼兒園，一年二十萬到三十萬跑不掉。」但她不信「不要輸在起跑點上」那套，她只想讓孩子「學好品格、學好中文就好」。

「發錢」催生，不如花錢改善托育

登記公幼抽籤「槓龜」，有一家說早上八點開放十八個備取，她早上七點半就到，竟然額滿；只好回頭考慮「只要有錢就有名額」的貴族私幼。幸好一家平價的教會幼兒園回她：「媽媽，妳報得早不如報得巧，剛好有人退班。」終於結束幼兒園窄門之旅。

台灣因為欠缺讓人民兼顧工作與育兒的措施，陷入低生育率的困境；當養兒育女成為經濟與時間上的重擔，人民自然會罷生。民間「托育政策催生聯盟」不斷呼籲，與其「發錢」催生，不如好好「花錢」，把錢拿來設立確保「平價」與「優質」的托育園所；學齡前公共托育機構服務量，應由目前的三成調整至七成以上。

「托育政策催生聯盟」召集人劉毓秀。潘俊宏／攝影。

改善托育才是催生良藥
——專訪劉毓秀

「托育政策催生聯盟」召集人、台大教授劉毓秀多年來致力將北歐普及托育制度，轉化為台灣可行的社區照顧模式。由瑞典經驗看台灣，她十分讚賞政府提出的「價廉、質優、離家近」托育服務方向，這是針對台灣生育困境開對了藥方。

女性選擇照顧，等於選擇貧窮

但檢視近年來的催生利多，不論是三千元保母補助或五歲免學費，卻不介入品質把關及價格管理，等於把公帑扔到市場補助業者；此外育兒扣除額會產生「減少提供公共托育稅基」的副作用，弄擰了原本的美意。

劉毓秀分析，台灣人不想生的原因不外乎：經濟負擔太重、缺乏平等的性別分工等因素，研究指出，女性若選擇「照顧」，就等於選擇「貧窮」。

政策零零落落，補助杯水車薪

雖然有政府補助保母托育費三千元，以及二〇一一年八月開始的「五歲幼兒免學費」，但劉毓秀分析，其實「免學費」只是免了註冊費，以台北市為例，每個月還要繳一萬五的月費。結果是政府花了八十幾億元，家長負

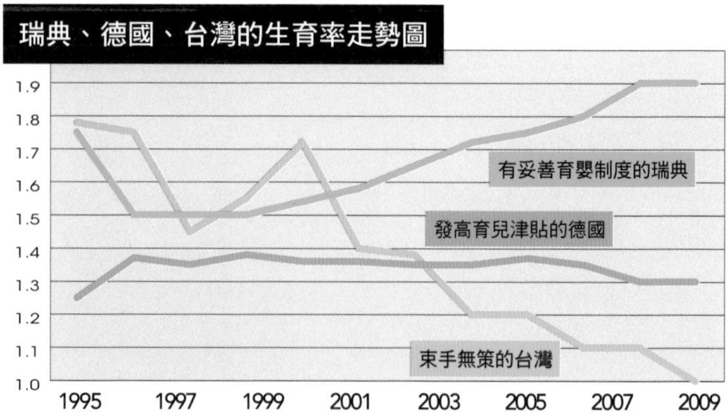

擔還是沉重，「這樣的政策設計有問題！」

劉毓秀說，政策設計說穿了，就是「邏輯問題」加「數學問題」，這些設計算一算就知道達不到效果：零到二歲有三千元保母補助，對月托一萬五、六千元的負擔而言，杯水車薪；五歲「免學費」了，二到四歲又怎麼辦？政府的托育支持「零零落落」，家長怎麼會有誘因放心生小孩？

壯有所用，幼有所養

反觀北歐國家，總生育率都在一．九到二之間，接近人口替換率。劉毓秀強調，瑞典育兒福利的設計關鍵在於：「就業才有福利」。人民充分就業，經濟繁榮，政府才有稅金收入，提供普及豐厚的福利服務，回饋到人民身上。壯有所用，才能幼有所養！

劉毓秀說，台灣婦運團體多年前就集思如何將北歐模式在地轉化，彭婉如基金會推出的保母管理系統、高雄五甲社區自治幼兒園都是實驗成功的例子。然而很多人常有的疑問是：「台灣沒有瑞典的高稅收，可能成功嗎？」

她指出，訣竅在於將瑞典政府以稅收大幅負擔的模式，轉化為「家長自付額為主、政府預算為輔」，如此父母托育支出將比現況大幅降低。

成立社區托育系統，創造三贏

劉毓秀精算過，如果政府能把因少子化閒置的學校空間釋出，成立社區托嬰、托育、課後照顧等設施，由政府負擔空間及開辦費用，並以合理薪資聘用照顧人員，平均每名小孩的照顧成本是一個月七千五百元，「政府負擔三千，家長負擔四千五」，大部分父母會如釋重負；如此公帑就能有效「催生」，是政府、社會及家庭三贏的策略。

台灣現行的育兒福利

措施	解析
0-2 歲幼兒 保母與托嬰中心管理系統及托育費用補助	缺乏公訂薪資及收費基準，難杜絕變相加價，家長經濟負擔重。
2-6 歲幼兒 公立幼兒園 政府委託民間辦理幼兒園	台灣公立幼托及私立幼托家數比例為 1：4，過度市場化。101 年起實施的《幼兒教育及照顧法》，鼓勵地方政府興辦非營利幼兒園。
5 歲幼兒 5 歲幼兒教育券 5 歲幼兒免學費計畫	私立幼托補助為主，但公訂管理及品質規格低，且未訂薪資及收費基準：「5 歲幼兒免學費計畫」，是免學期註冊費，月費仍須繳。
生育津貼	生育者可領取一次，但各縣市金額不一，一國多制。
兒童津貼	育兒家庭每月領取 2500 元，僅台北市有能力發放。
育嬰假	小孩滿三歲前，父母可請兩年育嬰假，其中六個月可領六成薪。

註／近日宣布的 0-2 歲公辦民營托嬰中心、2-5 歲幼兒教育券加碼、托育扣除額等，尚未定案，故不列入。

資料來源／托育政策催生聯盟

3 CHAPTER

騎向單車大城

荷蘭

郭錦萍／文字
陳俊吉／攝影

全球單車使用量最高的「自行車麥加」

世界真的變了。當開始變有錢的大陸民眾忙著買汽車時，先進的歐美國家最近幾年，不約而同大力擁抱自行車，各國取經的地點，都是被自行車友稱為「自行車麥加」的荷蘭。

單車高速路，汽車也羨慕

阿姆斯特丹市西邊，有個由海埔新生地建造的新區 IJburg，從這裡進入舊市區，汽車道要繞一大圈，但若是單車，可走「自行車高速公路」直接連接兩地，當中有座造型優美的鐵橋 Nesciobrug，還拿下二〇〇六年 National Steel Award 建築獎。這座自行車橋實在太方便了，有時甚至有汽車偷偷地開上橋。

美則美矣，這輕巧的橋造價不便宜，總共花了六百五十萬歐元（約兩億七千多萬元台幣）。然而，只為服務單車使用者，花這麼多錢，值得嗎？議會沒疑問嗎？

阿姆斯特丹計畫管理局副局長尼可．寇斯說：「我們有優美的運河和建築，我們可不想讓停在路邊的車子，把美景都擋住了。」

荷蘭上班即景，各式各樣的人都以單車代步。

街頭上，可以看到這種可載物兼載小孩的三輪車。

橋上風景優美。

IJburg的自行車橋，造價不便宜。

減少汽車，打造美麗健康城市

近幾年，阿姆斯特丹市政府有計畫地減少汽車停車位，就算是新開發的區域，主要道路都不准停車，停車位更是經過嚴密計畫，最高只容許一戶一車位，市中心停車位刪減計畫持續進行。

他解釋，大家都知道少開車有一大堆好處，但要讓民眾願意少開車，就得讓不開車的生活很方便。「那座自行車橋，造價的確不便宜，但很值得」，因為它減少了空氣污染、噪音、民眾的肥胖和難看的街景。

根據阿姆斯特丹市政府的統計顯示，這個城市每年約花一億歐元（約四十二億元台幣）在單車計畫，這僅占百分之五的交通預算，卻支撐起百分之四十的交通量。

由於許多國家及自行車團體對荷蘭自行車環境塑造有興趣，荷蘭政府乾脆設自行車政策研究中心回答各國問題，二〇一一年七月預計要邀請製造商加入，改組成法人組織。

單車生活，從小培養

在此擔任國際協調員的漢斯．佛肯特（Hans Voerknecht）表示，荷蘭自行車環境的形成，主要原因是多數人都是從小騎到大，且沒有中斷。

他解釋，其它國家的小朋友也都騎單車，但進入青少年後就不騎了，但荷蘭十一至十五歲的人口，平均每天騎七公里，顯示他們不但每天騎，而

一群年輕女孩悠閒地騎在自行車高速公路上。

鹿特丹的街景。城市裡越少人開車，越多人騎車，相信會更美麗舒適。

阿姆斯特丹的單車停車塔。

這裡總是一位難求。

且騎到很遠的地方。這段經歷對於習慣的養成，以及和道路上其他交通者的相互理解，是非常重要的。

「很多時候，騎單車比較快！」他強調，雖然荷蘭的大眾運輸也很方便，但總還是要等車，開車就更麻煩了，很多單向道、停車位難找，停車費又貴。

火車站廣設單車停車場

烏特勒支（Utrecht）是荷蘭第四大城，上班時間從中央車站前的馬路一看，各式各樣的單車從各地湧入，四線單車道交雜在電車、巴士、自小客車、行人間，觀光客眼花撩亂，但荷蘭人顯然都知道該怎麼走。車站四周有各色立體單車停車場，有的甚至在入口有電子看板，讓來客知道哪一行還有空位。

再如阿姆斯特丹，中央車站前門，有個三層樓可停兩千五百台單車的停車塔，但車實在太多，和它相連的地面鋪了密密麻麻的單車，車站後門緊臨港口，市政府建兩個大型停車船，也只供單車用。

偷車賊和停車問題仍待解決

佛肯特表示，若真要講荷蘭的自行車有沒有缺點，那就是停車問題，現在全荷蘭有兩萬三千個單車停車場，但遠不及需求量，未來五年，至少還要增建四萬個。

荷蘭的單車多，還造成其它問題，阿姆斯特丹市政府去年的施政目標之一就是減少四成偷車賊。

另一個問題是，荷蘭到處都有運河，絕大多數沒有護欄，單車常是沿河放，但車太擠難免就會掉進河裡，所以阿姆斯特丹每隔一陣子就要派船去撈車，看過那景象的台灣留學生形容，「有夠壯觀。」

各火車站外都會設置單車停車場。

荷蘭的單車賊不少，民眾用的鎖都很大。

管好開車族 兩輪族安心騎

荷蘭交通安全、公共工程及水資源管理部公布的政策說明資料，明白寫著，「別的國家，也許認為自行車是危險的，但我們的邏輯是，開車的人才是最危險的。只要管好開車的人，道路就會很安全。」

行人第一，單車次之，汽車殿後

至於自行車，荷蘭政府的規範極其簡單明瞭，只要有車燈就OK。而且對於騎士的隨意騎，原則上是極度容忍。「因為荷蘭經驗證明，馬路上越多人騎自行車，道路就越安全。」看統計數字，荷蘭的交通死亡率正是全歐最低。也因騎單車的人多，對於相關政策走向極具影響力。

常有人開玩笑說，荷蘭的路上，行人最大，騎單車的其次，開車的排最後，阿姆斯特丹市政府的官員說：「這是真的，若單車和汽車發生車禍，法院的基本推定就會認為是汽車有錯。」

友善而貼心的道路設計

但可別誤會，荷蘭看似隨興自由的自行車環境背後，實則有著一套系統很認真在執行。從進入托兒所、幼稚園開始，荷蘭小朋友就要學自行車安

馬路上，處處可見自行車道。當汽車遇上單車時，也都會停下來禮讓。

荷蘭單車小檔案

- 人口：1650 萬
- 數量：1800 萬
- 售價：買一輛平均花 579 歐元（約新台幣 2 萬 4 千元）
- 誰騎：70% 的人休假日會騎單車，37% 的人把單車當日常交通工具
- 單車道：有公路編號約 6500 公里，加上沒有編號的至少有 7000 公里，其中 4 成在非都會區
- 單車高速公路：近期預計達到 50 條
- 接駁：40% 火車通勤族騎單車搭火車
- 竊案：2005 年至少發生 75 萬起，政府立誓到 2010 年要減少 4 成偷車賊

全行為和單車禮節（如轉彎要先伸手指示等），每年四月有全國性小學生單車路考等。

台灣早年為了減少汽車等待的時間，很多圓環被鏟除，但荷蘭很多路口都刻意蓋成圓環，為的是保護單車騎士、減少汽車駕駛人的視覺死角。

再如紅綠燈，台灣的紅綠燈對開車的人看來剛好，但對等候位置較前面的單車騎士就累了，頭得抬得老高；荷蘭不但設有單車紅綠燈，位置就裝在騎士平視面上。

荷蘭政府還做了很多會被台灣人罵的事。例如把原本很寬的路改窄，把部分斑馬線取消，甚至把路口號誌燈取消。理由是，路窄一點及沒有號誌燈的路口，會讓汽車駕駛人比較專心、速度放慢，至於斑馬線取消，則是讓行人會更注意左右來車。

荷蘭到處都有單車道，它們也有道路編號，拿著地圖就可騎遍全國。騎累了，單車隨時可上火車，折疊車免費、不能折的不論距離一律六歐元。

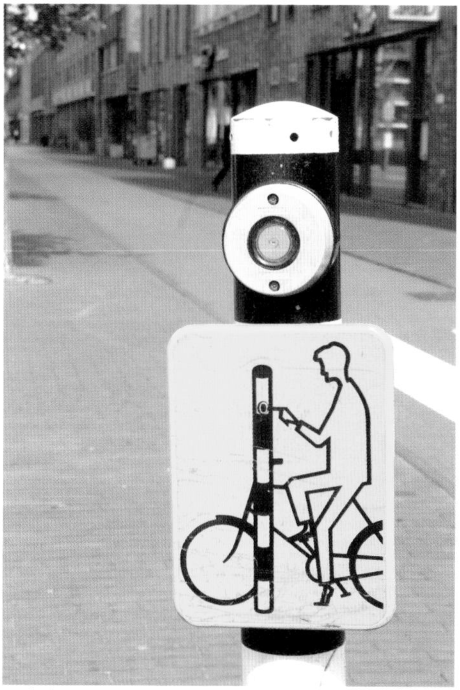

單車專用的紅綠燈按鈕，高度經過特別設計。

單車可以直接上任何火車。

單車號誌設在騎士視線前方，較傳統號誌低。

火車上有專門給單車停放的區域。

穆斯林婦女學單車，後面跟著志工。

小朋友也有專用的自行車座椅。

從兒童到新移民全民瘋單車

在台灣，單車被歸類為運動工具。在荷蘭，事情可沒那麼簡單。台灣的小學生，有極高比例是父母開車接送，台北市的小學生甚至不准騎單車上下學，除非父母寫同意書給校方。

自行車教育，三歲就開始

荷蘭的小學生，多數是騎單車上學。根據荷蘭官方資料，荷蘭人平均是在四歲生日時收到第一輛自行車。隨機詢問了近二十個父母，他們的小孩通常兩三歲就開始騎單車。

荷蘭自行車政策研究中心國際計畫協調員漢斯．佛肯特表示，荷蘭人騎單車幾乎都是跟父母學的，他就曾跟在兩個孩子後面騎了六、七公里。讓三、四歲的小孩開始學單車，一方面是這時身體的協調性足以承擔，另一方面是讓他們可以學習在路上怎麼和別人相處。

政府出錢教新移民學騎車

荷蘭還有一種其他國家少見的自行車教育。離阿姆斯特丹市中心約十五公里，有個名叫 Zaandam 的小鎮，這裡的人口三分之一是穆斯林，來自阿富汗、土耳其等地。鎮上活動中心有專為穆斯林婦女開的單車課。這些穿著長袍的婦女，聽不懂荷蘭文或英文，所以為了開這堂課，需要社工、教騎術志工、排除交通狀況的志工、翻譯志工等。

社工馬歇爾表示，來自中東或非洲的穆斯林婦女，很多人之前沒摸過自行車，到荷蘭後，她們和原來的社交網絡隔絕，搭公車對她們來說又太貴，所以這些人幾乎是被囚禁在家庭中、沒有外援；但若會騎單車，「最重要的意義是找回行動能力和自由」，甚至能到外面找到工作。

她舉例，曾有一位育有六個子女的婦女，因不會騎單車，被子女嘲笑「廢物」，她在傷心之餘，鼓起勇氣參加了單車班，當這名穆斯林胖媽媽終於學會騎車的那一天，她哭了，社工、志工及其他同學也都深受感動，個個紅了眼眶。

馬歇爾說，讓外來移民學會騎單車，是融入荷蘭社會很重要的一步。所以費用多數是政府支應，只要交二十二歐元，就可以上十五堂課。

特殊造型的單車可以親子同騎。

荷蘭小孩從小就開始學騎車。

加了頂棚的載貨及載小孩設計。

政府補助每人擁有一・二輛單車

荷蘭人有多愛騎自行車？每周三來回要騎四十公里去當志工的上班族葛瑞絲（Grace Slack-Vimisela）說，她有五輛自行車，一輛上班騎、一輛購物騎、一輛運動用、一輛穿短裙時騎，第五輛呢？她歪頭想了半天：「想換心情時就騎。」

我們在萊登（Leiden）遇到的伊芃也說：「大家都有汽車啊！不過還是騎單車方便。」

根據荷蘭基礎建設與環境永續發展部公布的統計數字，荷蘭一千六百萬人擁有一千八百萬輛單車，他們平均花五七九歐元（約台幣兩萬四千多元）買一部單車。至於荷蘭人為什麼愛騎單車？安靜、便宜、健康、乾淨、不占空間，都有人支持，但最多人的答案：「就是喜歡。」

馬斯垂克大學助理教授張瓊婷說，荷蘭政府對於自行車的推動，真是全方位，像她到馬斯垂克教書的第一年就有單車購買補助，到第三年又有新一筆補助。她說，看到這些補助，終於明白為什麼每個荷蘭人平均有一・二輛自行車。

多數荷蘭人擁有一台以上的單車，在荷蘭街頭可以看到各種奇怪有趣的造型。

荷蘭人騎車很隨興。

單車已成為每戶人家的必需品。

英國

陳宛茜／文字
徐兆玄／攝影

鐵馬時尚天堂

二〇一一年四月二十九日，威廉王子與凱特舉行世紀婚禮的那天早上，王室重金禮聘的婚禮攝影師穿越重重車陣與人潮，準時抵達白金漢宮前。他們搭的不是豪華名車、也不是經典黑色計程車，而是被倫敦人暱稱為「兩輪（Two Wheels）」的單車。

一如融合古典與現代的凱特婚紗，曾被視為過時的單車，在新世紀以時尚之姿重返倫敦街頭。

單車成為白領階級新寵

早上八點，交通樞紐倫敦塔橋照例又被巴士和汽車攻陷。動彈不得的車龍中，只見一個個單車騎士曲折穿梭，優雅的速度宛如一場夢境。倫敦二〇一〇年興建完成兩條單車高速公路，其中一條終點便在塔橋旁。

下班時刻，倫敦奧運國際關係部主任高北斗（Charles Garrett）脫下西裝，搭電梯到公司的地下停車場。但他拿的可不是汽車鑰匙，走向靠牆的單車架，「咻」的一聲，高北斗和他從台灣帶回來的黑色單車滑向出口。

當台灣人還視「開名車上班」為地位象徵時，單車已成為倫敦白領眼中時尚的工作夥伴。旅英台灣單車騎士施豪峰指出，在政府大手筆補助下，倫敦多數辦公大樓設有單車停車場與淋浴間，員工還可透過公司申請補助購

倫敦容許單車騎進公車道，而公車也樂意禮讓單車。

前英國貿易文化辦事處駐台副代表高北斗，在倫敦每天騎單車上下班。

倫敦逐漸從汽車大城轉變為單車大城。

買單車。

單車也是各企業用以凝聚員工向心力的工具，每年六月舉辦的單車團體大賽「London Cycle Challenge」，鎖定企業或組織組隊參加，參賽者每日計算單車通勤的哩程數，累積最多哩程的企業抱走大獎，讓單車迷可像足球、籃球一樣組隊ＰＫ。

汽車城蛻變為單車城

曾任英國貿易文化辦事處駐台副代表的高北斗，駐台時正逢台灣吹起單車熱，吸引他一周三次從陽明山的家騎到東區辦公室。兩年前他帶著兩部單車返回倫敦，驚喜發現這座過去的「汽車大城」已蛻變為「單車大城」。現在他每天騎近兩小時的單車上下班。

高北斗將這股單車熱歸功於倫敦市長波利斯（Boris Johnson）。二〇〇八年當選的他是個單車狂，每天騎單車上下班，經常手牽單車、頂著一頭被風吹散的亂髮出席各類活動。

郊區騎到市區，快易通

二〇一〇年波利斯成功說服英國第三大銀行巴克萊（Barclays），投資兩億英鎊打造倫敦第一套公共自行車租賃系統與十二條單車高速公路。這十二條單車高速公路塗上易於辨視的藍漆，沿路裝置單車紅綠燈，讓單車騎

為了鼓勵騎單車通勤，辦公大樓多設有單車架。

士可從郊區的家一路騎到市區。

時光倒流一百年。第二次工業革命後，陷入汽車熱的倫敦瘋狂打造郊區直通市區的高速公路，「四輪」打敗「二輪」成為進步象徵，單車人口從百分之二十遽降至百分之二。

以汽車為中心的都市設計，卻讓倫敦陷入塞車和永遠沒有足夠停車位的噩夢，缺乏運動和空氣污染更導致肥胖等健康問題。

全球首例「塞車稅」，減少汽車流量

在環保當道的新世紀，單車與汽車的命運再度逆轉。

倫敦百分之八十的碳排放量源於道路交通，汽車是主要殺手，塞車更造成國內生產總值百分之四的經濟損失。倫敦因此率先在二〇〇三年開徵世界獨一無二的塞車稅，凡開車進入市中心塞車區域，每天須繳交八英鎊的費用。

二〇〇八年，英國政府通過全球首部氣候變遷法，立法要求各地政府必須編列預算減碳，倫敦便訂下在二〇五〇年減少百分之六十碳排放量的目標。高北斗指出，單車被波利斯視為達到減碳目標的祕密武器，並為二〇一二年舉行的低碳奧運準備。

單車是倫敦推行慢活價值的工具之一。

倫敦塔橋上，能看到行人與各種交通工具的使用者。

環保減碳，迎接二〇一二奧運

為了減碳，波利斯還鐵腕淘汰倫敦古典象徵的黑色計程車。二〇一二年一月起將有上千部廢氣排放量不符環保時代的黑色計程車，消失於倫敦街頭。

波利斯在市府網站上以「單車革命」形容此時的倫敦；他指出，「單車是讓倫敦成為世界最佳城市的最重要工具」。倫敦人已覺悟，「單車大城」比「汽車大城」更符合二十一世紀的「好城市」標準。

歐洲各國自行車使用率

國家	交通量占比 %	使用量大的城市 %
荷蘭	26	各城市間最高 35-40，最低 15-20
丹麥	19	城鄉間差異不大，最高約 20
德國	10	原西德的城市較高，有的達到 20-30
瑞士	9	有些城市很高如伯恩 15、巴塞爾 17
瑞典	7	城市平均 10，小城 Vasteras33
義大利	5	佛羅倫斯 20，Ferrara 接近 30
法國	5	史特拉斯堡 12，亞維儂 10
愛爾蘭	3	都柏林 5
英國	2	約克 11，牛津和劍橋都接近 20

資料來源 /Ministry of Transport, Public Works and Water Management

倫敦街上處處可見時尚單車的身影。

打破社會階級的單車交響曲

五月初舉辦的倫敦東區電影節中，演奏了一曲令人難忘的「單車交響曲」。每位樂手皆戴頭盔、穿黃背心，以單車騎士的時尚打扮現身舞台；台下則聚滿騎單車前來聆樂的市民。當指揮將指揮棒指向聽眾，他們轉動單車鈴伴奏，自身也成為樂曲的一部分。

倫敦是由各種族群交織而成的交響曲，而單車，讓這首交響曲音色更豐富、曲調更和諧。

全民共騎不分貧富

在倫敦，人人騎得起單車。倫敦投注巨資虧本經營的藍色公共單車波利斯（Boris Bike），市民只要花上四十五英鎊的年費，便可享受每日半小時的免費騎乘。而遊客只要一張信用卡和一英鎊便可以取得使用權，租賃系統還貼心地以十九種語言展現。

為汽車打造的倫敦馬路一向是階級的象徵——富人端坐私家車、中下階級乘巴士。單車打破了這些限制，在政府的大力推動下，不乏西裝革履的紳士加入「兩輪族」，連警察也騎單車值勤。

被稱為「單車狂人」的市長波利斯尤為表率，他力倡高官取消政府派

連救護人員也騎單車執勤。

倫敦地鐵允許小摺上車，不須另加攜車袋。

倫敦火車站多設有單車停車場，成功連結單車與大眾公共運輸系統。

倫敦長、短程火車皆允許單車上車，不另外收費。

車，並被媒體拍到騎單車勇截違法汽車的經典畫面，扭轉汽車高於單車的權威形象。

波利斯在給市民的〈倫敦單車革命〉一文中寫道：「單車讓街道上的各類使用者彼此尊重。」當單車進入馬路，「四輪」開始學習尊重「二輪」，而單車也得學會尊重行人。

單車精神為城市帶來和諧與尊重

台灣人很難想像，在倫敦這樣擁擠的大都市中，單車可以如此優雅地穿梭來去，卻聽不見喇叭聲。發展出民主制度的英國，擁有台灣人缺少的一種生活哲學——「大讓小、多數尊重少數」，在道路世界也是如此。因此，公車會禮讓單車，而單車會禮讓行人。

打著減碳之名的單車，減掉的是人與人之間以金錢、權力或意識形態堆出的隔閡。它不只是一種更健康的生活方式，更是一種理想的時代精神。當各種膚色、階級的單車騎士在倫敦各角落流動、微笑招呼，這才是真正的大都市。

公共自行車，低碳夢上路

哥本哈根氣候會議舉行前，歐洲自行車協會寄信給與會代表，指出百分之四十的二氧化碳來自繁忙交通。倫敦市長波利斯隨後表示：「公共自行車租賃系統將是未來城市的主要都市計畫。」

二〇一〇年七月三十一日，倫敦市長波利斯騎著一部藍色單車現身摩天輪「倫敦眼」前，向市民介紹新推出的巴克萊公共單車租賃計畫。這部被暱稱為「波利斯單車（Boris Bike）」的單車，從此載著上百萬倫敦人進入低碳時代。

實用為主的公共單車

波利斯單車就和市長波利斯一樣，乍看不怎麼起眼。它笨重（二十三公斤）、線條稱不上優雅、輪胎更是粗得嚇人，最麻煩的是不提供車籃和鎖。它的費用設計也很匪夷所思，前半小時免費，滿一小時收費一鎊，之後急遽增加，一天高達五十鎊。

這些設計其實富含深意。它的笨重是為了不諳倫敦交通的遊客著想，避免騎得太快釀禍；沒有車籃是不想讓車籃變成垃圾桶。而倫敦單車失竊率太高，不提供鎖可迫使遊客將單車停回租賃點、減少失竊率。

波利斯單車就像波利斯一樣，越看越順眼。如今它擁有十二萬名年度

波利斯單車漆上贊助廠商巴克萊銀行的標誌。

倫敦擁有四百個公共單車租賃點。

藍色的波利斯單車，成為繼紅色巴士、黑色計程車之後的倫敦新象徵。

波利斯單車租賃系統擁有十九種語言版本。

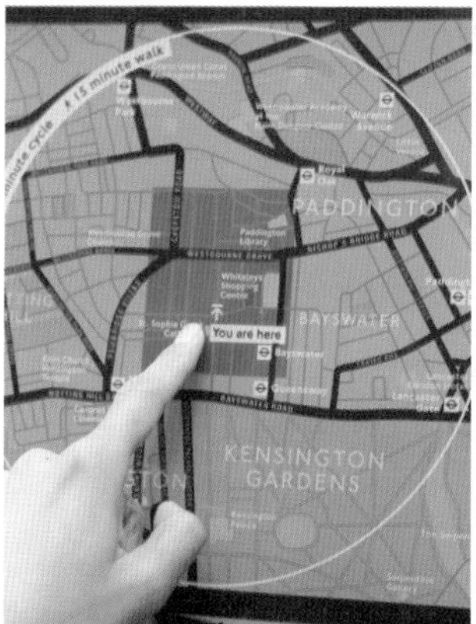

公共單車租賃點附有詳盡的單車地圖。

憑收據上的號碼便可開啟波利斯單車。

只要一張信用卡，遊客也可以租用波利斯單車。

倫敦計畫在2012年奧運前打造12條單車高速公路，路面塗上藍漆供騎士辨識。

單車高速公路上，設有單車專用的紅綠燈。

單車和公車專用道。

倫敦單車小檔案

人口	750 萬人
單車人口	50 萬人
單車道	350 條
單車道總長	1000 公里
單車高速公路	2015 年完成 12 條單車高速公路，每天創造 12 萬次單車旅程，其中 2 條已於 2010 年完成。
單車停車場	預定在 2012 年奧運前完成 66000 個單車停車場。

會員，一天創造兩萬四千趟旅程。原本被批為「沉悶」的藍色也鹹魚翻身被譽為「經典藍」。

改進租車系統，騎乘更自由

一九七〇年代，世界單車之都阿姆斯特丹便發展出第一套公共單車。然而如何掌握停在各租賃點的單車，達到「甲地借乙地還」的精確與效率，是無法突破的障礙。

拜網路之賜，加拿大 PBSC 公司在二〇〇八年發表的蒙特婁公共單車，可讓使用者在各租賃點以電腦查詢其他點的停車狀況，停車格也可靈活拆卸。這項設計入選《時代》雜誌年度發明榜，公共自行車從此擁有呼應計程車（Taxi）的英文單字「Bixi」。倫敦波利斯單車便是和 PBSC 公司合作。

台灣

陳宛茜／文字
陳俊吉／攝影

台北「微笑單車」，設計待加強

王比利剛騎上仁愛圓環旁的敦化單車道，一輛汽車馬上切進來，追著他的小摺猛按喇叭。放眼望去，這條「單車道」擠滿汽車、巴士，就是找不到單車的身影。出版《小摺快跑》等多本單車書的王比利說，被台北當「示範」單車道的敦化單車道，「是一個最好的錯誤示範！」

地球另一端的倫敦，旅英台灣鐵馬族施豪峰悠閒地騎在ＣＳ３單車高速公路上。這條路長十三公里，一路連結郊區Barking與市中心倫敦塔橋而不中斷，沿路塗上單車專屬藍漆、設置單車專用紅綠燈，讓鐵馬族安心又不會迷失。

單車政策，休閒重於通勤

台北比倫敦更早推行單車，台北公共單車「微笑單車」也早於倫敦「波利斯單車」，成效卻遠不及倫敦。施豪峰認為，兩地單車政策差異的關鍵在於，台北只把單車當假日的休閒工具，而倫敦卻把單車當天天使用的通勤工具。

他認為，台北打造河濱休閒單車道相當成功，但這些單車道缺乏與市區交通幹道的連結，並不適合通勤。倫敦單車道卻是為了上班族量身打造，十二條單車高速公路從郊區一路直達市中心。

台北公共單車的使用率遠不如倫敦。

台北微笑單車由捷安特操刀設計。

在設有公共單車租賃點的台北信義區，可看到外國遊客騎單車的身影。

敦化單車道路線規畫失當，危機處處。

由於使用率低，敦化單車道如今改成假日專用。

敦化單車道規畫失敗，險象環生

「台北單車道是樣板性質的『觀光』車道！」王比利以敦化單車道為例，一旁綠樹成蔭風光如畫，卻因路線規畫不良、出現多個公車站與汽車停車格，導致公、汽車與單車爭道，險象環生。

「鼓勵單車最基本的規畫，是安全便捷的單車道和號誌。」施豪峰說，倫敦單車道不僅漆上鮮明顏色，許多路段還用水泥分隔島隔離車道；台灣單車道卻分隔不明，甚至還「發明」由民眾及員警自行判斷的「隱形車道」，讓鐵馬族無法安心上路。

「微笑單車」敗在規模小

二〇〇七年，台灣掀起單車熱，台北、高雄競相打造單車道、公共單車。然而敦化單車道啟用未久便因使用率不高飽受抨擊，如今改成只在假日使用的「彈性」單車道；台北公共單車「微笑單車」同樣乏人問津。王比利指出，兩者失敗原因都是「規模太小」。

以微笑單車為例，王比利認為，由捷安特操刀的微笑單車本身不遜於倫敦，卻僅在信義區設十一個租賃點，騎乘範圍有限，使用率當然不高。

相對地，倫敦波利斯單車甫推出便是六千台的大手筆，四百個租賃點遍布市區，迅速形成風潮。而波利斯單車找來巴克萊銀行贊助，成功提升企業形象，「以倫敦為鏡，相信台灣企業也樂於贊助微笑單車。」

配套措施完善，才能推動單車上路

單車熱為台北累積了一批假日騎小摺的「慢活」單車客，然而台北想從「汽車大城」轉為「單車大城」，光是把單車當休閒工具還不夠，必須靠政策的引導。

要讓單車騎士安心上街，停車位是關鍵。王比利指出，四年前追逐單車熱的單車騎士，添購的多屬價格不菲的小摺。要讓他們返回街頭，台北必須提供專人看管的單車停車場。

倫敦市政府近年砸巨資打造六萬六千個單車停車場，其中不少是辦公大樓內的地下停車場，讓單車族與汽車族共享警衛。因此倫敦到處可見時尚單車的身影，不像台北單車族擔心失竊。

大眾運輸系統支援，打造友善環境

大眾運輸系統能否支援單車，也是單車普及關鍵。倫敦地鐵載客量大於台北，卻允許單車在非尖峰時段免費上地鐵；火車也對鐵馬族免費開放，長程火車還會在特定車廂設單車專用架。此外，倫敦在火車站廣設單車停車場，就連國際機場希斯洛（Heathrow）也設單車停車場。

而台北只允許單車在假日上捷運，須另付八十元。小摺雖可在平日免費上捷運，卻規定以攜車袋包裹。王比利認為，這顯示了「台北根本是一個單車歧視的城市！」

棄四輪騎兩輪
這是一種城市價值

「台北想成為單車大城，第一步是讓自行車融入大眾運輸系統與都市計畫之中。」倫敦奧運國際關係部主任高北斗認為，單車人口未達一定數量之前，打造單車道與公共自行車系統是緣木求魚。

單車政策必須多管齊下。高北斗以倫敦為例，政府先開徵塞車稅減少民眾對汽車的依賴，接著鼓勵企業提供單車設施、並讓單車融入地鐵等大眾運輸系統之中，吸引倫敦人「棄四輪投二輪」。等單車通勤人口累積到一個程度，單車道、公共單車系統自然水到渠成。

累積單車人口，從觀念開始

衡量台北現狀，單車作家王比利認為，累積單車人口最簡單有效的方法，是在捷運多掛一節專供單車使用的車廂，允許單車族在非假日使用。

即使捷安特ＭＩＴ單車聞名世界，觀光局也以擁有眾多風光明媚的單車道自豪，但在許多單車騎士眼中，台北甚至稱不上「對單車友善的城市」。王比利認為，推行單車通勤，更重要的是消除台灣人的「單車歧視」。

在倫敦、紐約等時尚大城，最時尚的潮人是騎單車到有機商店消費。台北卻「反潮流」，王比利透露，位於單車示範區信義區裡、號稱最「潮」

倫敦、台北公共自行車比一比

台北微笑單車		倫敦波利斯單車
2009 年 3 月	啟用日期	2010 年 8 月
11	租賃站數	400
500	單車輛數	6000
信用卡＋註冊悠遊卡	申請條件	信用卡
台幣 40 元	一日基本費	1 英鎊 (約台幣 47 元)
2 種 (中英)	螢幕顯示語言種類	19 種（包含簡體中文）
320 車次	每天使用量	25000 車次
3 萬	會員	12 萬

資料來源／倫敦交通運輸局、台北市政府

的一家百貨公司，大門貼上「禁止小摺入內」的警告。

打破汽車至上的價值觀

許多人認為台北太熱不宜單車通勤，王比利不同意，「紐約、東京冬天冷到下雪，單車族就消失了嗎？」對於交通部長毛治國曾以「機車太多」為由，認為台灣不宜發展單車通勤。王比利更不認同，「真正搶走單車空間、對騎士造成危險的，是汽車不是機車。」

「汽車所代表的身分象徵，在台灣人心中根深蒂固。」王比利說，台北不僅城市設計以汽車為核心，「汽車至上」的觀念更深深隱藏於市民和官員的價值觀中。

汽車和單車、機車相比，「服務的人最少、占掉的空間和消耗的能源最多」，王比利納悶，整個台北城卻是為了最少的族群服務；「我們必須明白，單車是一種價值，推展單車不是為了單車客，而是為了整個城市的未來。」

4 CHAPTER

讓人敢於老去的制度

瑞典

梁玉芳／文字
陳柏亨／攝影

即使老去，也要盡力維持個人的獨立與尊嚴。

讓長者獨立而尊嚴地老去

打開居家服務員道格拉斯．阿爾比掌上型電腦的行程表，密密麻麻列出這天要服務的個案：先到馬茲家，為他做早餐、整理家務；再到葛楚家備餐、談心、倒垃圾；還要幫因糖尿病不良於行的英格麗敷藥，陪她上超市……

「今天才十二個！」五十九歲、具護士資格的阿爾比輕快地說，「因為有你們同行，今天少排了點。」

居服員穿梭照顧老人

告別社區「居服員中心」，阿爾比搭地鐵上路。他在地圖上比畫著，「我服務的區域就是地鐵兩三站的範圍。」

想像蜜蜂在固定花叢間來回穿梭採蜜的畫面——居家照顧的個案大多需要「一天多次」的密集服務，例如三餐加沐浴；所以阿爾比和同事的工作路線，大概也像蜜蜂，在固定照顧的老人家間來回忙碌。

阿爾比是瑞典居家照顧大軍中的一員。瑞典是日本之外，人口最老化、最長壽的國家，八十歲以上的「老老人」占人口的百分之五．三，全歐洲最高。瑞典人相信，最幸福的老去方式，是老人獨立、有尊嚴地「在宅老去」，約九成三的老人都住在自己家中，機構照顧為輔。

居家服務員阿爾比穿梭在各個家庭之間，協助老人購物、準備餐點、整理家務等等，是病弱長者的靠山。

來自日本的AKIKO女士，在瑞典丈夫過世後，寧願獨居，也不願依賴女兒。閒來與友人喝茶，過得愜意。

一天七次的照顧與關懷

八十四歲的葛楚太太老早等著阿爾比了。他熟練地在她的流理台料理餐點、煮咖啡、備心臟藥、處理垃圾，一邊絮絮叨叨地提醒葛楚：下周一她再度中風的丈夫出院回家後，她千萬不能再自己逞強照顧了。以後每天會有兩名居服員一起來照顧癱瘓及病弱的老夫妻，白天五次，晚班來兩次，一共七次，平均三小時多就有人來。

「我就像她另一個兒子。」阿爾比說，他已經照顧這對夫妻十年了，感情很深。葛楚兩名女兒住得遠，阿爾比會跟她們通電話。他在掌上型電腦勾選完成的工作，電腦也提醒他中午還要再回來為葛楚備中飯、購物、送洗衣物；「她的女兒若現在上網，輸入密碼，就可以看到我今天為媽媽做了什麼。她會很放心。」服務透明化，這是瑞典模式的一大特色。

在家養老最幸福

「如果瑞典經驗能給台灣一點建議的話，那會是：老人在家老去，幸福感最高。當然，前提是政府必須提供協助。」瑞典延雪平大學老人學教授葉特．山史川謙和地說，協助包括年金經濟安全、住宅支持及足夠的居家照顧等等。

葉特說，當老人逐漸失能，市政府會派出評估員，決定老人需要哪些服務及提供的頻率。老人的需求常由交通服務開始，政府讓行動不便的老人

老人推著政府提供的四腳助行器散步。

長者手上戴的緊急按鈕，可及時求助。

「以搭公車的費用搭乘計程車」，好外出訪友、購物，維持與世界的連繫。接著就會是安全警鈴（若有突發事件，社福人員能立即處理）、送餐服務、日間照顧、居家照顧等等。

享受健康與自主的老年生活

「活力老化」是國際潮流，瑞典成功將老年「疾病期壓縮」。瑞典政府防患未然：以公帑派出復健醫師指導老人「要活就要動」；市政府也設有「維修員」，到老人家中換窗簾、燈泡等，防止老人跌倒。瑞典八十五歲以上老人自認健康良好的比率高達五成一，是全歐洲最高。

「瑞典優質照顧」研究員艾彌兒．奧斯柏格指出，這些都是「花小錢，省大錢」。

例如瑞典街頭，推著附籃子的四腳助行器趴趴走的老人特別多，「助行器都是政府免費提供的，為什麼？因為助行器一個只要兩百美元，但如果老人跌斷腿，臥床後的照顧支出很快就暴增到每人每月一萬美元。」每年老人跌倒引起的相關醫療及照顧支出是五億克朗。

艾彌兒分析，一萬美元是住進安養機構的成本，瑞典政府不免思考：一萬美元能夠購買多少二十四小時的居家照顧服務？當然是後者便宜。於是，協助老人在宅老化，免費修繕加上居家服務，是人道，也是經濟理性，更創造了龐大的照顧就業機會。

瑞典的老人機構像度假勝地，溫馨布置與戶外環境能給人好心情。

溫暖有「家」味的老人院

當然，當失智症等長期疾病來襲，老人仍有機構照顧的需要。在南部的小鎮延雪平，阿格妮塔九十三歲的母親艾娜搬進「玫瑰園」老人院一年多了。原本獨居的母親，即使有居服員幫忙，卻吃得越來越少，幾乎營養不良。評估員建議她住進機構。

帶著結婚紀念照、家裡的繡花桌布，艾娜的老人套房很有「家」味。這天恰是瑞典母親節，阿格妮塔帶了花和蛋糕，為母親慶祝。她說，這裡有二十四小時照顧，母親進食正常，讓她放下重擔；只是遠離熟悉環境，「媽媽的記憶喪失許多。」衰老的艾娜喝了咖啡，聽著談話，坐在輪椅上又睡著了。

阿格妮塔帶了蛋糕為九十三歲的母親慶祝母親節。

像飯店的養老院，其實是稅金負擔；不論貧富，只要通過市府評估，都能入住。

吉他歌手穆勒固定走訪老人院，唱老歌給長者聽。

與朋友聊天說笑，瑞典老人活得很愜意。

瑞典高齡人口素描

老人照顧三原則：生活品質、在家老化、減少醫療化

老人人口：65 歲以上者占 18%（約 167 萬人）

預期壽命：女人 83.2 歲，男人 78.6 歲；80 歲以上者占 5.3%

自認健康：85 歲以上者 51% 自認健康，全歐最高

照顧財源：地方政府稅收及中央補助；老人照顧費用一年約 92 億克朗，老人只自付 4%

對抗寂寞：政府一年投資一億克朗雇用社工提升老人生活品質

彈性退休年齡：61 至 67 歲皆可開始領年金

資料來源／ Swedish Institute

「我想在長大的房子裡走完人生」

九十二歲的芭博洛．曼納紅每天起床，總愛在從小生長的臥房窗前駐足，看著窗外那株「金雨樹」，成串黃花在夏天開得極為燦爛；「以前，這棵樹還不到窗台高呢。」現在早高過二樓窗台，往天外去了。

「我想在我長大的房子裡走完人生。」芭博洛說著，女兒瑪麗亞．曼納紅點點頭：「我知道。」她說，媽媽已是社區裡最老的老人了，老來獨居，也不願和獨生女一家同住。瑞典文化裡有著「獨立」的強烈基因，和東方文化不同；瑞典老人寧願「在家老去」，這個「家」是自己的家，而非子女的家。

獨立而不孤立的獨居老人

在瑞典，「獨居老人」是主流，獨居卻沒有孤立感。「我喜歡一個人；而且，家人都會來看我。」即使去年肺炎，她也不住院，而是請醫師到宅看診，「許多瑞典老人都這樣。」病癒後，向斯德哥爾摩市政府申請居家服務。經評估後，每天有居服員來料理三餐及協助沐浴。

市政府先是派人到百年老宅修繕，構築適合老人的無障礙環境。包括：去除門檻、拓寬門的寬度以適合輪椅、可升降的床、拆除浴缸改成蓮蓬頭及淋浴椅、馬桶加裝扶手等等，「裝修費用無上限」。此外，給她室內與室外

九十二歲的芭博洛坐在助行器上，注視著窗外燦爛的金雨樹。她希望在自己家中走完人生。

老人家唱歌歡聚。

兩種助行器，甚至一年還有兩次派人來幫老人清理窗戶。生活眾多修理瑣事，換燈泡、修馬桶，七十五歲以上的公民都可以免費申請「水電工」。

政府協助勞務，家人感情更緊密

政府照顧老人是「協助」家庭，而非「取代」家庭；是將照顧工作由社會共同承擔，好協助家庭照顧者能將「愛（love）」與「勞務（labor）」分開，不會讓照顧重擔將親情消磨殆盡。

在瑞典，只有百分之二的老人和成年子女同住；百分之十距子女不到一百公尺、八成五住在離子女五十公里的距離內，所以探視頻繁，家人連結強。即使失能了，協助排泄、盥洗的事也希望是專業人士幫忙，若是家人，反覺尷尬。

家人的愛永遠是老人最好的陪伴。在市政府提供的安全警鈴連線裝置之外，瑪麗亞為母親買手機並設定緊急功能按鈕。有次芭博洛不小心觸及，送了緊急訊息給所有親友，她的手機開始響不停。「奶奶，你怎麼了？」那天，芭博洛被探詢電話弄得十分忙碌，但心頭很溫暖。

「在瑞典，變老不是大問題。」總是端莊笑著的芭博洛說。獨立、尊嚴地老去，人生到頭來求的不就是這樣嗎？

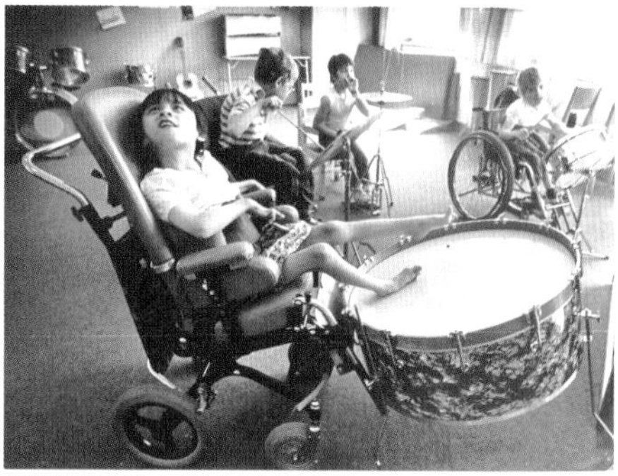

用腳打鼓的台灣女孩李啟娟。

台灣重殘女孩，瑞典重生

嚴重腦傷的台灣女孩李啟娟坐在輪椅上，用全身唯一能控制的左腳，碰觸約半張A4紙那麼大的電梯按鈕，操作她的電動輪椅，帶著大家拜訪她的家——瑞典政府為她租的公寓。即使她不自主的抽搐需要借助約束帶綁住雙手和身體，好保護她前進時不致碰撞受傷，但這些不減損她的自信與勇敢，一車當先。

為了女兒全家移民

因為生了嚴重殘疾的女兒，三十三年前坐困愁城的台灣廚師李益聽了長兄在瑞典捎來的建議：「這裡醫術和福利都好，來試試看吧。」為了女兒，全家就這樣飄洋過海，在瑞典重新造家。

作了「福利移民」，見證瑞典政府對移民及殘障者的福利照顧，回首因為重殘女兒而轉向的人生，李益想著台灣，也感謝瑞典。

「好在我們出來了。」李益妻子黃鳳嬌說。一九七八年，夫妻帶兩名女兒到了瑞典。在台灣，被醫師說「嘸效啊，救活也是傻傻的」孩子，到了這裡，有醫師、治療師、心理師、帶著中文翻譯，大隊人馬到家裡來檢視，建議讓阿娟住院一個月，好弄清病況，再由團隊擬定治療及教育對策。

「瑞典政府真的很細心，我沒得挑剔。」黃鳳嬌說。照顧是全面的，

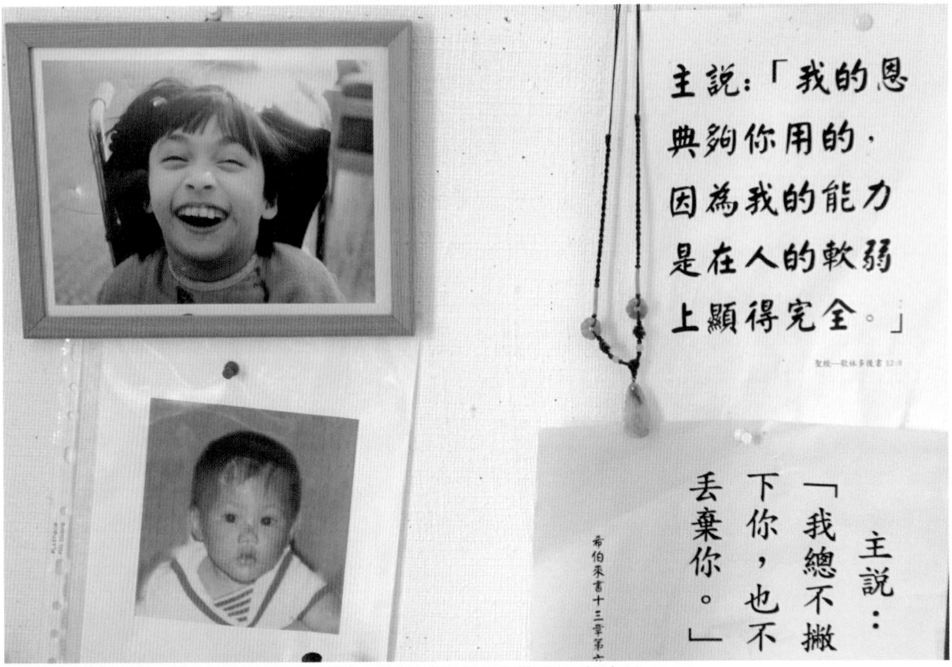
主說：「我的恩
典夠你用的，
因為我的能力
是在人的軟弱
上顯得完全。」
主說：
「我總不撇
下你，也不
丟棄你。」
嚴重腦傷的阿娟，從小就無法控制身體，但父母和家人從來沒有放棄她。

來到瑞典後，阿娟的生活豐富了起來。

與爸爸去海邊。

除了看病、上學都免費，每個月還有兒童津貼、住房津貼，連照顧用的紙墊、手套、營養品都是公家提供。社工還要爸媽快去學瑞典話，「我們去上課，政府還給錢，這個國家真奇怪，」黃鳳嬌說，社工甚至建議廚師爸爸再進修，「可以找更好的工作，有更多時間在家裡陪家人。」

用腳打鼓的女孩，如今聽懂五種語言

歷經小兒黃疸、換血、腦傷的阿娟，如今三十六歲了。她聽得懂國語、台語、廣東話、英文、瑞典文等五種語言，心智卻被鎖在一個無法控制的軀體裡；能細微挪動的左手、左腳是唯一和外界溝通的管道：握握左手代表「是」，蹬蹬左腳代表「否」。

她常常抽筋、不時得抽痰，「她難受，我們的心也硬了。」六年前發作得厲害，連飯都沒辦法餵，只好動手術做個胃造口，從此吃飯就靠腹上的洞，打入營養劑。

但問這樣的阿娟：「你快樂嗎？」她握了握左手。翻開家庭相簿，童年阿娟笑容燦爛，還幾次登上瑞典報紙：「用腳打鼓的小女孩」，黑白相片裡的阿娟賣力用腳擊振比她身子還大的鼓，而她同樣坐輪椅的同學，至少還有手可以拿棒槌。

全家用餐，阿娟一咳，大妹就起身照顧。

學習獨立，爭取搬出去住

李益夫妻說，學校從小訓練阿娟「珍惜自己的特別，學習獨立」。有「個人助理」陪阿娟上課，阿娟用手腳回答老師，筆記由個人助理代勞。即使重殘如阿娟，也要學著用腳操作洗衣機，改裝的廚房也讓殘障學生可以下廚。

十八歲那年，阿娟靠著她專用的字母示意板，用腳拼字告訴家人：「我也要搬出去住。」瑞典政府支持每個人獨立生活，包括身障者。黃鳳嬌嚇了一跳：「不可以！」無法想像阿娟要怎麼「獨立」。討論之後母女妥協，十年後再說。

母親以為「十年」可以遺忘，但女兒記得。三十歲那年，阿娟再拿出示意板，要求請她信得過、也支持她獨立生活的老師到家裡來，一起說服照顧她三十年的父母。

「阿娟想，如果她在家，一咳或抽筋，全家人跟著不安穩。她想要讓我們自由。」黃鳳嬌回憶。於是，阿娟有了「自己的房間」。

二〇〇六年，阿娟「入厝」。市政府依個人需求免費修繕，並給予應有的生活設備，包括升降電動床、天花板加裝有滑軌的「移位機」，可以輕易協助照顧者將病人吊起，移到椅上或床上，減少照顧者的工作傷害。

家人成為有薪的照顧者

像阿娟這樣的重殘者，是市政府「長期照顧」的對象。經「評估員」

阿娟自己的房間。

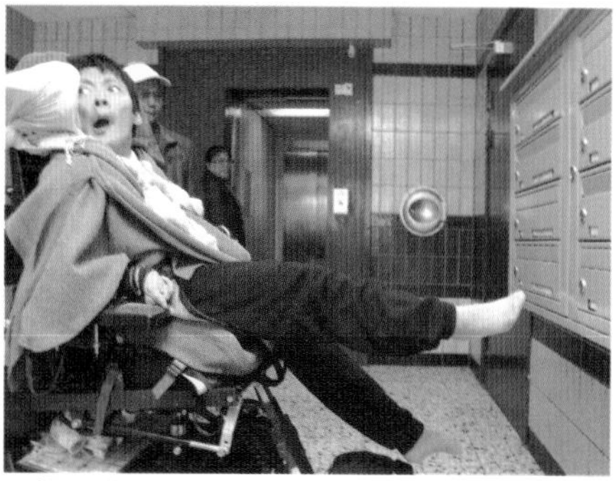
阿娟用唯一能動的左腳指指她的信箱。

評估後，認定她的情況至少每天需要二十小時的照護，分三班輪流。瑞典近年開放私人公司提供照顧服務，同時尊重被照顧者的意願，可以指定居服員。

長年照顧阿娟的李益夫妻、大妹安娜，最懂得如何照顧阿娟，於是受聘成為「有薪的照顧者」，輪班到「阿娟的厝」（媽媽這樣稱呼）服務。「從來沒有想過，照顧自己的孩子，政府還會給工錢。」黃鳳嬌感嘆。

不能言語的阿娟聽著我們談她，邊努力用左腳踩輪椅踏墊上連到電腦的紅綠色按鈕，那是她的「滑鼠」：按紅色找字，電腦發聲告訴她這是什麼字，綠色是擇定。因為她的頭會不自主晃動，於是政府給的特殊電腦設備就貼心地在不同方向設了兩個螢幕，讓她不論晃到哪個方向，都能看見操作的進度。

她每一個動作都很費力，努力了一個多小時還未在電腦上完成一句，但她累了。

螢幕上斷續打了「我、希望、小孩、照顧」，媽媽接著猜測她的意思：「阿娟是不是要說……」靠著握手和跺腳，幾次修正，阿娟終於對我們說出她的第一句感言：「希望台灣像我這樣的小孩都能受到好的照顧。」

阿娟全家福，兩個小妹是移民瑞典後出生。

不讓一人生病，拖垮全家

「由病人到公民！」瑞典「障礙者國家行動計畫」開宗明義的宣言，總結了瑞典看待障礙者的終極價值：他們不再是病人，而是與其他公民一樣，有權利與義務，有參與社會、獨立生活的平等機會。

也就不難理解，瑞典政府為何願意在一名重殘者如阿娟身上，投下可觀的福利，只因為「人權無價」。

曾在台灣抱著病兒一籌莫展的黃鳳嬌直白地說，當初如果沒有到瑞典，「不是阿娟死，就是我死，或是兩個人一起死。」這話聽來可怕，她解釋，阿娟是三歲到瑞典，才學會吃飯的；三十年前的台灣，有醫師勸她讓女兒早點投胎，阿娟只能喝流質，營養不佳。即使活了下來，若沒有瑞典的福利照顧，只靠家人，可能早就像台灣許多重殘者家庭，被照顧重擔拖磨到垮了。

完善福利，只因人權無價

在瑞典當了餐廳老闆的李益細數，為了一個人，政府的投資實在驚人。阿娟上中學時住校，二十四小時有人照顧，一個月要十萬克朗（克朗與台幣匯率約一比四．五），政府買單；規定周末一定回家和家人相聚，政府出錢用計程車送她回家。當李家由首都搬到南部大城馬爾摩開餐館時，在斯德哥爾摩就學的阿娟放假要回家，政府會派專人陪著重殘的她搭飛機南下，專人

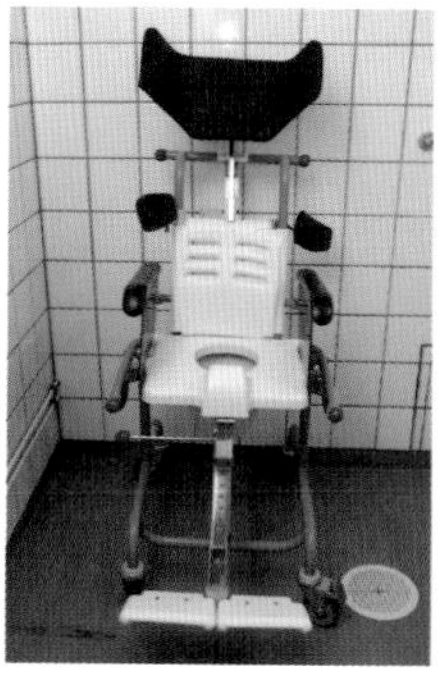

上廁所的輔具。

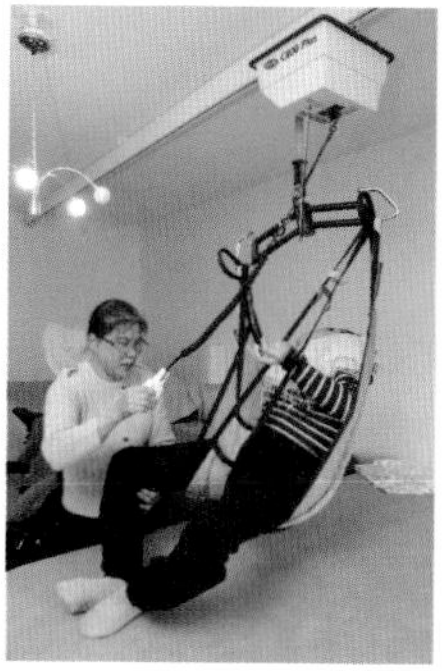

房間裡有移位機，讓照顧者能輕鬆搬移阿娟。

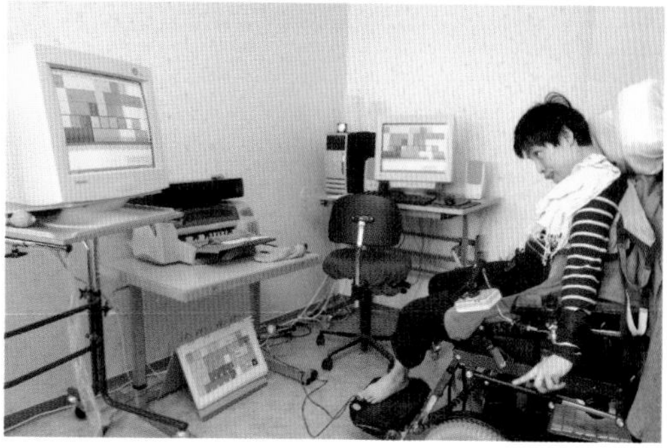

阿娟使用的電腦有兩個螢幕，讓她不自主晃動的頭能在各方向都能看到進度。

自己再飛回去；假期結束，那人又飛來護送阿娟北上，陪她回學校，聽來不可思議。

阿娟畢業搬回馬爾摩家裡，她所有的生活設備，包括「三台車」（室外與室內的電動輪椅、協助站立行走的全身式助行器）、電動床、移位機等等，都屬市政府提供，所以由斯德哥爾摩市移交到馬爾摩市，李益記得那時點算，移交總值居然高達一百萬克朗。

阿娟想獨立生活，政府出錢租了「阿娟的厝」，月租五千六百元克朗；接著派工人來改裝。李益算著：門及玄關加寬、去除門檻、特殊衛浴、電腦設備等等，比照家裡又打造一次。李益說：「在瑞典，這些工錢不得了！」

心甘情願支付高額稅金

無法就業的障礙者，政府提供每月六千克朗的生活津貼；再加上五千六的房租，阿娟一個人就得到一萬一千六百元。市府也以稅金支付聘請父母及大妹作為輪班的照顧者，每人工資是三萬多元，三人就是九萬多。

「瑞典一個月至少花十萬克朗照顧我們，」李益說。瑞典教了他一課：對人的尊重，是這樣不計代價；即使開餐館得繳很高的稅，但小孩上學免費、不用擔心生老病死的生命風險，「我很甘願，也很感謝。」

台灣

居家照護服務讓許多老人家又重新活過來。

邁入高齡社會，照護服務嚴重欠缺

五十四歲的楊先生獨居，車禍半癱已經六年餘。原本住在安養中心，幾年前就因為付不出錢被「請」了出來。這彷若判他「終身監禁」。他可以勉強用尿壺，卻沒法子自己換尿布，生活自理能力很差。直到一年多前「小敏」來了，楊先生才可過點人樣生活。

居家服務，僧多粥少

「小敏」是社工單位派來免費照顧他的居家服務員，她是嘉義市長照中心眾多居服員中的一員。除了沐浴、餵食、陪同購物、散步等，還有人因孫子結婚，奶奶要出席婚禮時，希望可請專人協助進食，因此就申請居家服務。

居家照護服務讓許多老人家又重新「活」過來。七十一歲的楊奶奶，十年前曾因中風右側偏癱；包著尿布度日，伴隨高血壓、心臟病及退化性關節炎，讓她藥不離身，幾乎完全失去行動能力。後來她兒子透過里長申請居家服務員，自付三成費用，還有居家復健、藥師到府服務，在專業人員的協助照護下，現在她不只可以由居服員陪伴出門散步購物，還可到「柑仔店」串門子。

根據統計，國內需要長期照護者約七十萬人，但國內現階段所能提供

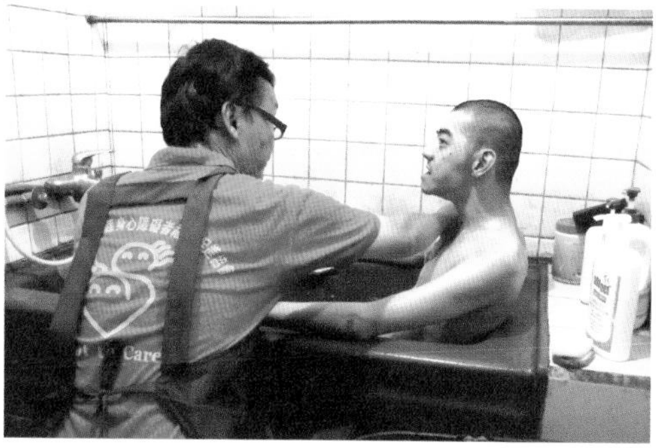

居家服務員幫身障者洗澡。

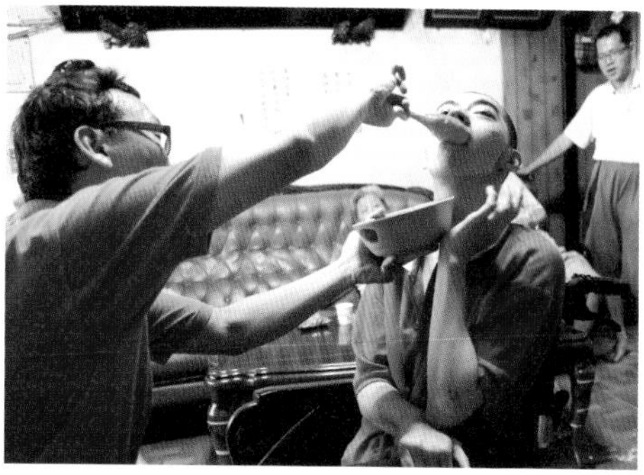

居家服務員協助餵食，減輕家人的負擔。

的照護資源，除了八萬張養護機構的床位，另外，居家服務、居家護理等，僅可服務兩、三萬人，至於社區服務，更是杯水車薪。

外籍看護為照顧主力

諷刺的是，國內投入居家照顧服務者，與十八餘萬名外籍看護完全不成比例。

目前長照十年計畫所提供的居家服務，多半是短時數、低頻率的到宅服務。以重度失能者為例，每月補助上限為九十小時，以一般戶為例，須自費四千八百六十元，才能在除周休二日外，每天享有四、五小時服務。一旦時數超過，民眾全要自掏腰包，以每小時一百八十元購買，然而，一個月就有七百二十個小時，這樣照顧足夠嗎？

相較之下，一個月兩萬元的外勞費用，顯然「便宜又大碗」。長期照顧推動聯盟祕書長吳玉琴說，難怪民眾若遇到家人需長期照顧，「反射動作就是請外勞，用途更多。」不只要把一家照顧好，連家事都要包辦。

居服員薪資待提升

台灣居家服務員價格上拚不過外勞，只能在專業上競爭；微薄的收入要來養家活口，也不容易，寧可到醫院、養護中心當看護，拿固定薪水，若是新手上路，前三個月往往是流失高峰。

即使是「口碑」不錯的居服員，一天服務六名個案，以每名個案時薪一百五十元計算，扣除周末、假日，一個月收入不到兩萬元。而且來回穿梭在個案家庭的交通所需時間及費用，都要自行負擔。

新北市長照管理中心主任彭美琪以新北市居家服務員為例，平均年齡為五十歲，不少人都是中年轉業，往往無一技之長在身。

她認為，案源比較不成問題，不過，受限於社會地位及收入，「不少人都抱著過客心態」，薪資結構需要再提升。（記者陳惠惠）

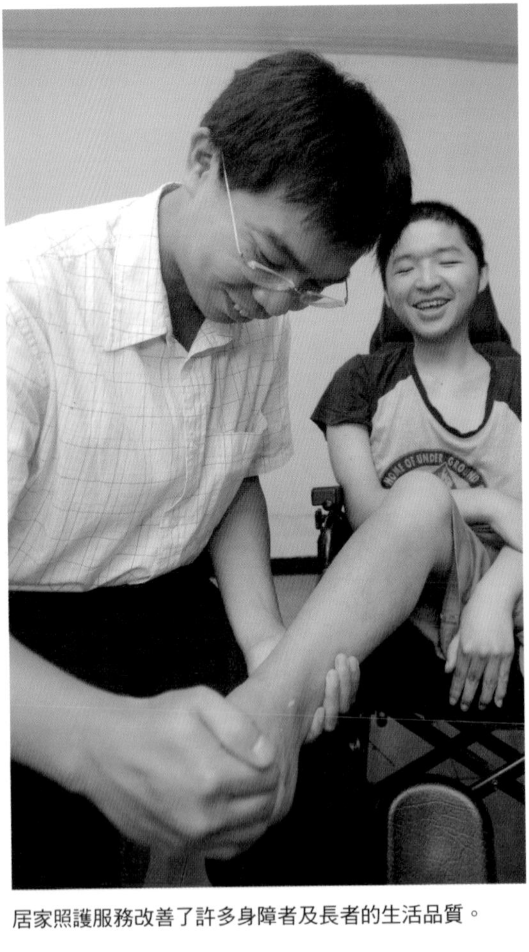
居家照護服務改善了許多身障者及長者的生活品質。

邁向高齡社會的台灣，優質安養中心卻極度不足。

老人養護、日間長照價格高昂資源缺

盛夏陽明山畔，至善老人養護中心的聯誼廳裡，三十多位長者，或坐著輪椅，或排排坐在桌前，玩起賓果遊戲，老人家用顫抖的手，把瓶蓋放在賓果盤上，臉上盡是專注。

至善同時有安養、養護中心，當長者健康時，住在如老人公寓的安養中心；生病後，可轉至有護理人員的養護中心，這在台灣並不多見。

「就地老化」才是長遠目標

至善老人安養護中心主任鍾美蘭說，台灣在民國八十年進入老人國，但國內老人照護起步較慢，不像國外，早就發展「就地老化」的長照趨勢，讓老人家習慣在熟悉的環境度過晚年，得到更好的生活品質。

七十八歲的中風患者謝奶奶，從醫院護理之家轉住公辦民營的至善養護中心四年半。

目前醫院附設的護理之家，有醫療團隊就近照顧，床位搶手，但是失能長者進住時間有限制，只能像謝奶奶一樣，轉到養護中心。

鍾美蘭說，具規模的養護中心，也因此須提供鼻胃管、尿管及氣切等比照醫療等級的設備，才能讓長者安心住進來。

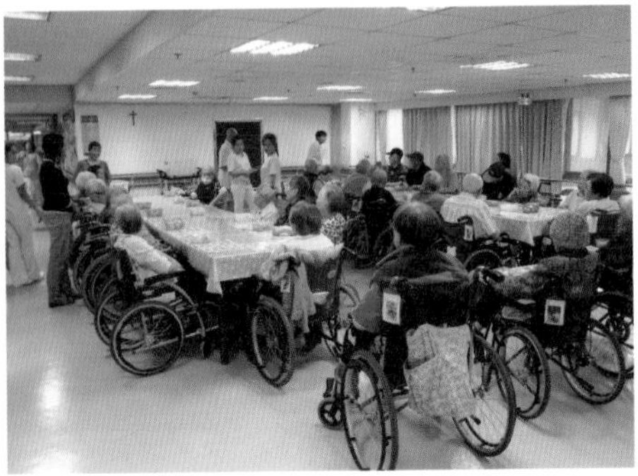

養護中心團體活動多，不再當孤單老人。

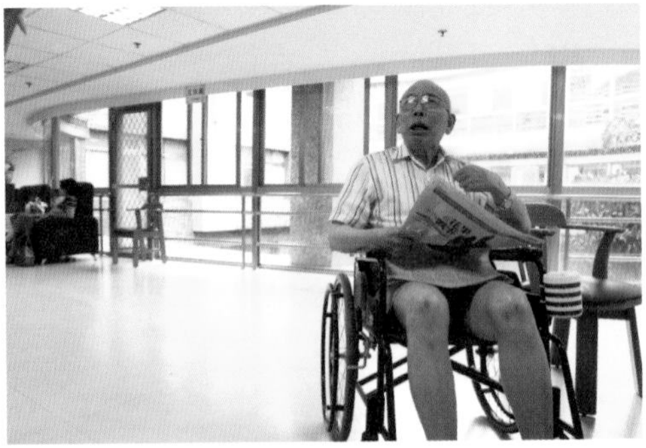

環境優美的養護中心，讓長輩住得舒服。

環境優，長輩很滿意

七十七歲的褚爺爺五年前中風，住過這裡，返家後跌倒，不良於行，女兒怕爸爸再跌一次，安排他回來住。「這裡環境很好，也有老朋友在，我只是擔心女兒不知道花多少錢。」

褚爺爺的心情，和不少同住長者一樣，怕兒女經濟負擔過重。鍾美蘭說，這裡每天依長者活動力，安排澆花、看報、智能遊戲，盡量保持長輩健康時的生活品質。

但是這類養護中心每月三萬多元起跳，高檔者要五、六萬元所在多有，對中產家庭的確沉重。

失智者及家屬的福音——瑞智學堂

蘇伯伯，六十七歲，五年前小中風導致血管性失智。近年嚴重惡化，蘇媽媽只得辭掉工作回家專職照顧。

「兩人每天互相大吼大叫，」蘇媽媽說，一開始實在無法理解老公：「這麼簡單你也不會。」鞋子放在衣櫃、拿馬桶刷來掃地……，基本的生活都失序了。逼他戒菸，蘇伯伯居然偷偷跑出去，在路上撿菸蒂抽。

「家裡炭爐總有一天用得上！」看到燒炭自殺的報導，蘇媽媽心裡很無奈，每天都得跟老公「綁在一起」，連廁所都不敢上的生活，讓她身心俱疲、痛不欲生。

直到蘇媽媽接觸到「瑞智學堂」的訊息，才有一點喘息的機會。這是由台灣失智症協會專為輕度失智症長輩，及家庭照顧者所設計的治療性團體活動。

專業照顧輔以團體活動

透過專業課程與活動引導，讓失智老人可以多動腦、多運動，以減緩退化速度，進而維持長輩的生活品質，以減輕家人照顧的負荷。

藉由麻將、唱歌各樣的活動，蘇伯伯日漸開朗有活力，很少「無理取鬧」，蘇媽媽也因此獲得喘息，從學習及與其他的家屬分享、互助，感到「感恩、知足及快樂」。「這不僅治療失智長者，也治療家屬身心。」

資源不足，城鄉分布不均

目前內政部補助瑞智學堂在全台灣共設立二十七所，國內類似的日照中心或瑞智學堂模式的機構已不少，不過，台灣失智症協會祕書長湯麗玉說，最大問題是「城鄉分布不均」，鄉村地區很少給失智者家庭足夠的支援。

內政部計畫二〇一一年內將瑞智學堂「遍布全台」，期望可以在更多社區服務，深入台灣各地角落。（記者施靜茹、劉惠敏、張耀懋）

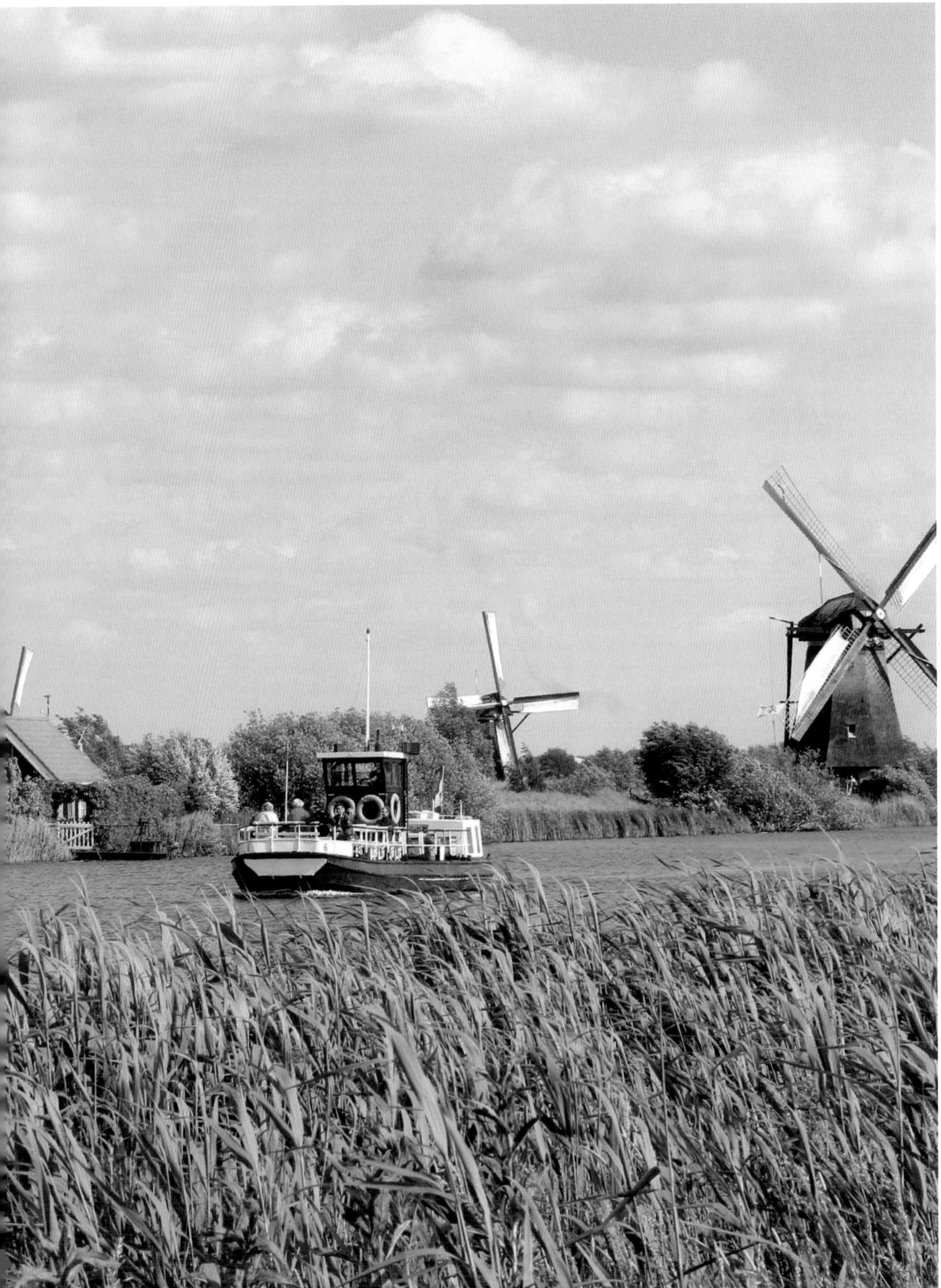

5 CHAPTER

與水和平共處

荷蘭

郭錦萍／文字
陳俊吉／攝影

荷蘭土地有三分之二低於海平面。

讓惡水息怒 把地還給河川

過去八百年以治水傲視全球的荷蘭，現在承認，必須謙卑向大自然學習，只有大自然治得了水。要讓越來越兇惡的水患息怒，就須把從河川占據的土地還給河川。

堤防退二百五十公尺，把土地還給大自然

從荷蘭東部大城 Arnhem 走約十公里，可到達萊茵河的分流點，這裡離德國很近，但離荷蘭的經濟重鎮阿姆斯特丹、鹿特丹，都有好幾百公里遠。從新建的堤防上環顧，離河岸還有近三百公尺，河堤內有兩棟可愛的兩層花園洋房。

荷蘭運輸、公共建設及治水部資深顧問羅夫・謝倫（Ralph Schielen）博士指著近河處一條較矮的堤坊。「那是舊堤防，一部分拆了、一部分降低高度，留下來的部分有分流作用。」他說，為了讓暴漲的河水有地方流，把堤防往後退了兩百五十公尺。

羅夫指著那兩間洋房說，那是跟著堤防往後移的住戶，「這兩戶不想搬離這裡，所以我們就幫他們蓋了新房子。」為了把堤防往後移，工程單位拆了三戶人家。

萊茵河下游近幾年水位不定。

把土地還給大自然，是荷蘭最新的治水思維。

為防範惡水所做的分流閘門。

漂亮的花園洋房，是政府為拆遷戶蓋的新房子。

荷蘭還地於河實例

資料來源 / Rijkswaterstaat

荷蘭人花鉅資做各種水利工程，這個長度等同兩個艾菲爾鐵塔的水閘，只用過一次。

為保護鹿特丹所建的大水閘。

房子可重蓋，農田卻搬不了。這兩百五十公尺寬、七公里長的大片土地，原本大多數是種玉米，以後就還給大自然，給動植物當保護區，替洪水找去路。

花一年多溝通，農民點頭

羅夫表示，現在全荷蘭有二十六處在進行「還地於河」計畫，「洪水是自然現象，與其無效抵擋，不如找出方法與洪水共存。」

說得很簡單，但要原本居住在此的荷蘭人民讓出房子、土地，只為了讓水淹，難道荷蘭民眾都不抗爭？

羅夫表示，這些工程保護的是下游四百萬人、荷蘭六成的經濟命脈，輕重顯而易見，也非做不可，但他們還是花了一年多和農民溝通，幫忙蓋了新屋、找了相當的農地，才有今天的進度。

能讓民眾讓出住了幾代的土地，關鍵在於觀念改變；殘酷的是，人們常是要付出慘痛代價，才會改變想法。

百年防堵工事已過時

一九五三年一場海上風暴，造成荷蘭嚴重水災，死了一千八百多人，南部低地被水淹了十個月。從此荷蘭興建了全世界最長、最複雜的水患防衛線，包括兩千四百公里的高堤、像兩個艾菲爾鐵塔長的水閘門等，它的壯觀

1953水災紀念館展出的船隻。

1953水災紀念館，館體本身是當年用來擋水的水泥沉箱。

和氣魄，吸引了各國治水專家前往取經。

之後，荷蘭人的確安居了數十年，到一九七〇年代，開始有人質疑堤防、水閘讓內陸運河優養化、破壞海岸生態，建議拆掉堤防，但多數荷蘭人並不贊同這個看法。

直到一九九五年再度發生水患，荷蘭撤離兩萬五千居民，那次水災造成歐洲各國共一百三十多億台幣經濟損失。水災後，荷蘭人開始檢討，幾百年的防堵工事，是不是該修正了。

二〇〇〇年荷蘭正式宣布內陸將「還地於河（Room for the River）」，將河道挖寬，拆除水壩、防洪堰，再將河岸的農業地改成氾濫區。

每年投入一個GDP防水患

荷蘭治水最高指揮官、三角洲計畫執行長（Delta Commissioner位階高於部會首長，由總理直接任命）維庫肯（Wim Kuijken）表示，荷蘭國土三分之二低於海平面，最大的港口就在越來越不安定的萊茵河下游，治水直接影響國家安全。

維庫肯說，現在我們設定的敵人是一千兩百五十年甚至是一萬年才會發生一次的超級洪水。「再高的堤防，也擋不了這種洪水，所以我們正設法讓水位降低。」

維庫肯強調，「環境在變，治水思維也要改變」；全球氣候異常的惡果，

荷蘭還地於河計畫

預算：2.3 億歐元（約台幣 93 億 8 千萬元）。

計畫：從 2007 年開始，預計 2015 年完成。

實施地點：原定 39 處，現在調整為 26 處。

保護範圍：萊茵河下游 400 萬荷蘭民眾，確保鹿特丹水災風險減至最低。至今測得最大流量為每秒 15000 立方公尺，未來河系可承受最大流量為每秒 16000 立方公尺。

近兩三年在全球都看得到，「可能發生的災難」不是危言聳聽，荷蘭政府每年要花一個 GDP 防水患。

面對越來越棘手的水患，不只荷蘭開始改變觀念，英、德、法、比利時等，也開始學習順應河川作用力，把人類長久占據的洪水平原還給大河、讓河川找回原有的蓄洪區。這股水患管理新思潮，已從歐洲擴張至美國。

荷蘭的風車已不足以因應今日的氣候劇變。

水上屋的內部時尚而舒適。

氣候變遷新對策——水上屋

「全球氣候變遷」、「海水平面每年上升兩公分」這些對很多人來說，既遙遠也不真實，但荷蘭人很認真看待。不僅研究單位和政府機構正在研思城市因應之道，手腳快的建商也已蓋好一大批「水上屋」，準備「兵來將擋、水來屋浮」。

聖經故事中，因諾亞堅信大難將至，所以建了方舟；荷蘭人也有點像現代諾亞，不少人正在蓋他們的方舟。

請來知名建築師設計

離阿姆斯特丹市中心不遠的 IJburg，是個還在建設的新區，大馬路旁有大片水塘，從岸邊有一排排的房子伸入水中，中間停了各家的船，房子由木板步道連接。

這些外觀、內在都很時髦的房子，全是知名建築設計師的作品，它們不是蓋在土地上，而是全都漂在水上。這些房子先在另一處工廠組裝好，再由拖船拖過來一一連結。這裡是阿姆斯特丹正在發展的水上城市的一部分。

其中的住戶瑪塔讓我們參觀她的水上屋。屋內一樓是起居室，地下一樓是臥房，二樓是工作室，陽台、花園都不缺。她的巴哥狗顯然很適應「水上生活」，熱情地跟著我們上下前後、到處打探。

阿姆斯特丹的水上屋，全是知名建築設計師的作品。

鹿特丹的水上屋「漂浮亭閣」，是為海平面上升而設計的未來產品。

瑪塔說，住在水上屋和一般的房子沒有太大不同，就只有風浪大的日子房子會有點晃，還有就是水上屋得付泊位租金。

未來漂浮屋超搶眼

另如鹿特丹地標天鵝橋不遠處的 Rijnhaven 港口邊上，三個球形連在一起的漂浮亭閣（floating pavilion）超級搶眼。這個應用太陽能的超輕強固結構，就是為海平面上升而設計的未來產品。

還覺得氣候變遷遙遠嗎？荷蘭已準備好各式漂浮樣品屋，要向全世界推銷改變對住宅、城市的空間概念，找出與洪水共存的方法，才是未來生存之道。

水上屋由木板步道連接，旁邊停泊著自家的船。

有數百年歷史的Brabantse水利會，他們的辦公室就是老骨董。

荷蘭人的生活處處都是水。

讓人民濕了腳，水利會就換人

荷蘭自古以來就把水務視為國家要務，在一般行政單位外，還有個治水政府。和水有關的事，在地方全歸水利會（Water Authority）管，在中央全歸三角洲執行長一人負責。

課徵水稅用以治水

荷蘭水利會可以收水稅，董事是民選產生，董事會有企業、農民、民眾團體、環保團體的代表。民眾和企業依照資產多寡繳水稅；水稅全用來治水，政府不再額外補貼。

每年該收多少稅，水利會董事會同意即可，民意代表或政府無權過問。以位於南荷的 Brabantse 水利會為例，有房子的家庭一年約要繳兩百四十歐元（約台幣九千七百元），沒房子的大約要繳一百歐元（約台幣四千元）。

荷蘭人在一二一五年蓋了全球第一座堤防，後來各地的堤防都是村民合力出錢興建，也必須輪值看守水況，水利會因此產生；最多曾有兩千六百多個，近年整併成二十五個。

帳目透明，稅收流向看得見

水利會既然可以收稅，難道董事不會為了職位，討好選民、少收稅金？

三角洲計畫執行長維庫肯。

荷蘭財政局資深顧問胡布・海特斯（Huub Hieltjes）笑著說，荷蘭人監督收稅單位把錢花到哪裡去的毅力是很驚人的，水利會的帳目任何人都查得到，「少收稅卻讓人民濕了腳（指發生水災），水利會董事一定換人。」

Brabantse 水利會另一位資深顧問道班（Klaas-Jan Douban）也說，荷蘭水利會做的事很多元，從水位水質監測、維修堤防、污水處理，甚至是地方的自行車道維護都包括在內。更特別的是，水利會還製作淹水地圖，公布每個區域若達一定氣候條件時，淹水的機率有多少。

治水計畫，放眼未來一百年

三角洲計畫執行長維庫肯表示，荷蘭是個低地國，水的管理是關乎國家存亡，「我們預想任何可能的威脅、盡可能事先防範，所以荷蘭現在訂的洪水標準是一萬年；治水計畫不是五年、十年，而是一百年。」

他以鹿特丹出海口的馬司克特大閘門為例，「兩片閘門一個就有法國艾菲爾鐵塔那麼長，工程之浩大可想而知，它建成十年，只真正用過一次，但我們仍認為它非常值得。」

他解釋，鹿特丹是荷蘭經濟重鎮，那裡有很多來自國外的投資者，「我們必須證明，荷蘭政府能確保鹿特丹的安全；我們投資的治水經費看似龐大，但比起不做預防可能帶來的損失，根本微不足道。」

三角洲研究院院長蘇羅西—納基。

三角洲研究院研究員馬克凡，負責台灣降雨預測系統。

把防災化為商機

以藍瓷著稱的台夫特，看似悠閒古樸，其實掌握了全世界每年上千億歐元的水利工程商機。

在水利界具龍頭地位的聯合國教科文組織所屬的水教育研究所（UNESCO-IHE）、台夫特科技大學及三角洲研究院（Deltares），都在這裡。這些研究單位不僅相互支援，荷蘭政府預算也在背後大力幫忙。

IHE水教育研究所院長蘇羅西—納基（András Szöllösi-Nagy）從他堆滿文件的辦公桌上，找出好幾張台灣地方首長、官員留下來的名片。他說，IHE有不少台灣學生，IHE很多研究人員都曾受邀到台灣，參與台灣水患問題的解決。

先進防災技術，各國紛紛來取經

也曾任職IHE的馬斯垂克大學助理教授張瓊婷就表示，IHE雖是聯合國下的單位，但經費全由荷蘭支應，他們只招有水利工作經驗的研究生，這些人多數會成為各國水利重要官員，有朝一日他們要尋求外國技術時，都會先找荷蘭。

號稱是「水利工程顧問公司的顧問」的三角洲研究院，我們參觀當中一處模型實驗室時，研究人員正進行列為機密的某亞洲國家港灣實驗，他們

三角洲研究院的實驗室，內部都是各國機密。

正在分析港口配置能承受多大的風暴、巨浪，甚至是海嘯。

三角洲研究院也是台灣政府請益對象，不僅水利署和他們簽署備忘錄，邀請專人多次赴台講習，研究院的科學主任余德文（Huib de Vriend）表示，台灣就買了他們設計的水災預警系統；來台負責這項工作的研究員馬克凡迪克（Marc Van Dijk），說起台灣南北的降雨形態，更是如數家珍。

研究台灣資料，荷蘭也能治土石流

專長整合評估及永續發展的張瓊婷認為，她在荷蘭經常看到台灣不同縣市到同一單位尋求同一問題的解決之道。許多國家把資料奉上，荷蘭從而學到了他們不可能有的經驗，例如台灣的土石流，沒有高山的荷蘭根本沒有見過。但消化台灣經驗後，就能應用在中國大陸與東南亞等地形氣候類似的地區。張瓊婷說，荷蘭向來就很有本事把災難化為商機，她也相信，「以台灣學界、工程界的水準，絕對有能力解決自己的問題，台灣缺的是對自家能力的認同，也缺乏歧見整合的能力！」

日本

鄭朝陽／文字
潘俊宏／攝影

地下神殿分洪 人造河趕走水患

「這裡是地下神殿，也是我們治水防淹的祕密武器。」日本國土交通省官員北野實紀說的是二〇〇七年全線啟用的大型分洪工程「首都圈外郭放水路」的蓄水槽。五座蓄水槽由一條直徑十．六公尺的大隧道串連，形成一條長六．三公里的人造地下河川，在豪雨期間暫存可能氾濫的洪水，等豪雨結束再把水放掉，啟用至今已為當地消除三分之二的水患。

人造地下河，可裝六十七萬噸水

「首都圈外郭放水路」位在東京北邊的衛星城市埼玉縣，隱身在地下二十二層樓的深處，是世界最大的地下河川。雖然無法一窺全貌，但從示意圖看起來，蜿蜒如龍，當地人稱它是守護埼玉縣東部免於水患之苦的地龍。

跟著放水路管理支所主任北野實紀的腳步，踩著階梯迴旋走入地下六十五公尺深的「地下神殿」。往下俯瞰如臨深淵，五十九支六、七人才能環抱的巨柱形成壯觀的長廊，像極了古羅馬時代的神殿，這也是蓄水槽耐震的周全準備。暑氣逼人的六月天，氣溫飆破攝氏三十度，這裡卻能保持十五至二十度的沁涼。

「放水路裝得下六十七萬噸水，有效改善水患問題。」北野實紀說，

東京北邊的埼玉縣水患頻仍，日本國土交通省打造地下河川「首都圈外郭放水路」，把易氾濫河川洪水暫存於此，等洪峰過後再放流入海。圖為放水路的大型地下貯水槽，官員形容它是地下神殿。

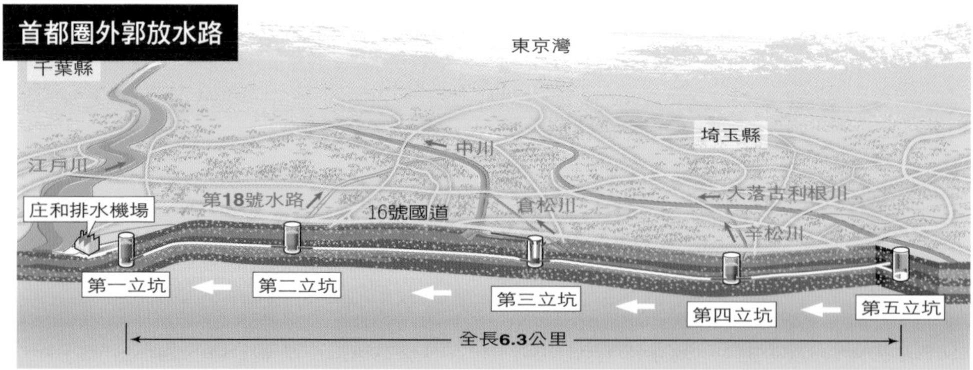

資料來源／江戶川河川事務所

中川、倉松川、辛松川、大落古利根川等四條河川經常氾濫成災，放水路透過取水口，把四條河川超過警戒值的洪水收到地底下暫存，洪峰過後，再用抽水機排到江戶川，進入東京灣。

六十七萬噸是桃園石門水庫每秒兩百立方公尺洩洪五十六分鐘的總水量。放水路工程耗時十四年，造價高達台幣七百二十億元，九年來經歷六十二次大雨考驗，當地淹水頻率已大幅減少三分之二。

幸好它順著十六號國道下方的公有土地興建，少了徵收土地的阻力。沒有雨的日子，這裡成了電影劇組和歌手拍ＭＶ的場景；當豪大雨警報響起，它馬上變成人民生命財產的守護神。

環狀護城的地下調節池

來到東京市區，規模不一的地下河川就像地下鐵路網一般，逐漸交織成形。

流經東京都心臟部位的神田川，每逢雨季總讓新宿、中野等精華區五百多萬居民繃緊神經。

「洪水無處可去，市區河川經常鬧脾氣。」東京都建設局河川部計畫課長舛原邦明說，十八年前神田川帶頭造反，水淹三千多戶，慘重災情給了日本當頭棒喝，也催生神田川「環狀七號線地下調節池」。

調節池是放水路的縮小版，都是具有分洪、貯洪功能的地下河川。它在

東京市區的神田川環狀七號線地下調節池屬於縮小版的放水路，也是有貯洪功能的地下河川。

地下河川工程造價高，但日本人相信，只要能避免幾次重大水患就回本了。

首都圈外郭放水路管理支所主任北野實紀說明放水路的功能。

東京都建設局河川部計畫課長舛原邦明說，地下調節池完工後，淹水災情大幅減少。

地下河川可分洪、貯洪，東京和大阪均靠它防淹。

環狀七號線公路下方五十公尺（地鐵在地下三十公尺），蓋一條巨大通水隧道和四座蓄水槽，連結神田、妙正寺及善福寺川等三條易氾濫河川，蓄洪量五十四萬噸，相當於兩百九十六個標準游泳池水量。

學習大禹以疏導代替圍堵

二〇〇四年啟用的第一期調節池上場迎戰豪雨，淹水戶從三千多戶驟減至四十六戶。二〇〇九年第二期工程完工，十八號颱風再測試，調節池逼近滿水位，卻創造零災情紀錄。

調節池也是錢堆出來的，工程造價台幣三百六十億元，每年還得花一億元維護。回顧以往水災的損失動輒四、五十億元，舛原邦明說，避免七到十次水災就回本了。

東京的地下河川正火速推進中，既要解決積淹水的「近憂」，還得因應極端氣候強降雨的「遠慮」，關西的「水都」大阪也如法炮製。

「這是師法大禹『以疏導代替圍堵』的治水理念。」舛原邦明表示，搭配其他治水措施，未來東京排水系統的抵抗力將從目前每小時降雨五十毫米，倍增至一百毫米。

治水經費規模冠全球

十二年來，東京每年治水經費至少兩百一十六億台幣，規模之大全球絕無僅有，說穿了是亡羊補牢。

為發展工業，東京和大阪曾大量抽取地下水，精華區地勢都低於海平面；都市規模快速擴張，地表逕流暴增，對大雨越來越難招架。

雖然不是每個城市都要學東京和大阪花大錢蓋地下河川，但日本在三十多年前就懂得都市分洪、滯洪，相信對於面臨極端氣候頻仍的現代化都市，都能起很好的示範作用。

即將完工的電波塔「東京天空樹」除了肩負數位訊號發射任務，也實踐雨水貯留再利用，既省水也為減少水患做榜樣。

鶴見川被指定為第一條綜合治水的河川，四千兩百多個滯洪池讓沿岸水患大幅減少。

四千個滯洪池，鶴見川不再發怒

在都市發展的經驗上，日本和台灣犯同樣的錯：土地過度開發，版圖不斷擴張的人工地盤阻止雨水滲入地下，惡化的「熱島效應」讓夏天更熱，雨水回不了原來的歸宿，被迫四處暴衝、加速入河，養成日本河川的暴怒性格，沿岸飽嘗淹水之苦，鶴見川是典型的代表。

過度開發造成洪水無處流

鶴見川是東京都「首都圈」的重要河川。整條流域聚集一百八十八萬人，每平方公里住了八千人，是日本擁擠之最，台灣的十二．五倍。

高度開發打亂了水循環的規則。鶴見川流域人口四十年內暴增四倍，都市化比率增加百分之七十五，八成五土地蓋了房子和道路。上游的降雨到達下游，過去要花十個小時，現在不到兩個鐘頭，速度整整快了五倍。因此以前只要發布豪雨特報，沿岸居民都剉著等。

綜合治水，恢復土地保水機能

淹水災情催生日本「綜合治水」政策。一九七九年鶴見川被指定為第一條「綜合治水」河川。它整合流域的上中下游，告別多頭馬車的分治時代。

日本京濱河川事務所課長齋藤充表示，綜合治水是工程與非工程手段

遊水地旁的日產體育館，地面層採挑空設計貯洪。

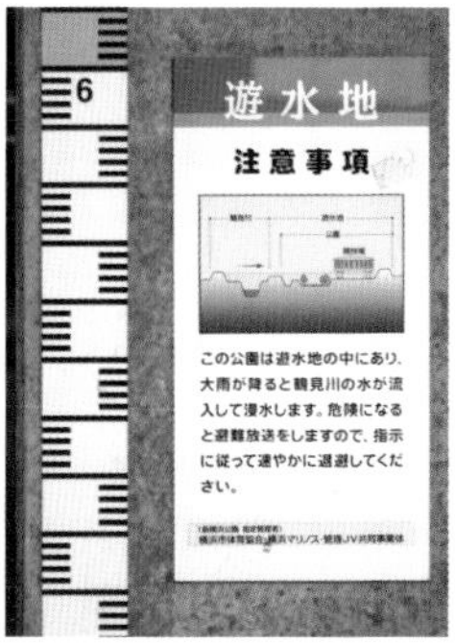

體育館地面層是滯洪池，柱子上標有淹水刻度。

並用，中央立法、提供資源，地方配合執行；除了疏浚、加寬河道，倍增排洪能力，也用各種方法誘導合理的土地利用，恢復土地的保水機能，降低河川溢堤風險。

「就是要想盡辦法把雨水暫時留住。」齋藤充說，流域廣設置滯洪池，補助家戶設雨水貯留系統，大幅減輕鶴見川的負擔，「脾氣也好多了」。

八十四公頃的「鶴見川多目的遊水地」是四千多個滯洪池中最大的一個。其中一座容納七萬多人的日產體育館本身就是一座滯洪池，地面層挑空、還地於河。從遊水地的屋頂平台眺望，齋藤充指著對岸說，如果沒有四千兩百多個滯洪池，就沒有日產體育館、新幹線和繁榮的新橫濱市。

法令規定提撥滯洪空間，民眾與水和平共處

四千多個滯洪池得來不易，環境團體 TRnet 發起人岸由二說，早年民間擔心土地貶值，反對設滯洪池，成效緩慢；二〇〇四年起強制規定開發基地須提撥空間滯洪，否則不發建照，滯洪池才開枝散葉。

岸由二說，政府算出沿岸各城市必須消化的滯洪量，訂出達成時間，透過主動徵地開闢，以及要求建築開發者設置，「就像買車須自備停車位一樣，開發者也要自行吸收基地外排的雨量。」

對都市地區來說，滯洪池可能是住家挑空的一樓空間，代表居民要有淹水的準備，習慣與水和平共處，翻轉防洪必須「不淹水」的舊思維。

社區一樓採挑空設計，可當滯洪池。

妙正寺川因東京高度發展，形成一條排水溝，大雨一來常淹水。

都更兼治水，窪地蓋豪宅

看過日本「全能住宅改造王」的節目，很難不佩服日本人極盡可能地利用空間的精神。在防洪治水上，為了在繁華的東京市區找出滯洪池空間，日本政府煞費苦心，成功創造出豪宅與滯洪池和平共處的景象。

坐落在東京中野區的一百多戶社區，緊臨妙正寺川，距離地鐵站步行只要十分鐘。套句台灣房地產的廣告詞，真是「水岸第一排」的景觀豪宅。很難想像，這樣的鑽石地段以前是遇雨必淹的低窪區，房地產買家避之唯恐不及。

「我還在當小姐時，這裡常淹到一層樓高。」年近七旬的阿嬤上野俊子是社區附近蕎麥麵店的第二代傳人，成長過程的淹水記憶是一場噩夢，但這十幾年來，水頂多淹上腳踝，「好很多了！」

經過政府和民間攜手努力，從前在東京地圖上被標示為「低窪易淹水區」的老舊社區，現在搖身一變成了搶手的景觀豪宅。這是怎麼辦到的？

社區庭園肩負治水、防災任務

「都市更新結合防洪治水，留出滯洪池，也提高這裡的居住品質。」日本雨水貯留浸透技術協會常務理事忌部正博說。

走在社區的戶外庭園，這裡一樓挑空，他指著一根印有水位刻度的柱

提醒民眾避難的水位警報器。

公園綠地也是滯洪池。

都更後的嶄新豪宅，做到與水和平共處。

子說，一旦下大雨，整個庭園會變成一個大型蓄水池，結合隔壁的地下滯洪池，一起為妙正寺川減輕負擔。

如果不經這樣的說明，外人根本不知道這處社區庭園肩負治水任務。這裡有一個水深到腳踝的景觀水池、籃球場和壁球場；假日午後，居民在這裡打球、散步、遛狗、野餐，從外表看不出來是蓄水池，除了大雨時化身為調節水量、保護社區的滯洪池，碰到地震及火災時也可成為避難所。

忌部正博說，日本正推廣這種多功能的社區防災設計，獲得居民認同與歡迎，「這也是因應氣候變遷、調適集中式降雨的建築設計。」

多機能住宅，由政府主導開發

值得一提的是，這處社區是由東京都都市計畫局主導開發，由新宿和中野兩個區公所結合民間的都市更新機構「獨立行政法人都市再生機構」，共同出資購地興建，滯洪池的後續管理維護由東京都政府負責。

為了協調原住戶把一樓挑空作為滯洪池，房價享有三成折扣。新蓋的住宅一部分是供弱勢者居住的社會住宅，一部分對外出售。洪澇不再，房地價格大幅增值，還創造出社會住宅，可以說是一舉數得的多贏策略。

琵琶湖過去曾因嚴重優養化出現「紅潮」現象。

歐巴桑的努力 換回乾淨琵琶湖

日本不僅在防洪減災有周全的思考，琵琶湖起死回生的故事，也為世人上了一堂生動的治水課。

琵琶湖位於京都北邊的滋賀縣，面積約六百七十平方公里，將近二．五個台北市大，是供應京都、大阪、兵庫、神戶近兩千萬人口水源的「母親湖」。

然而，湖邊的工廠和家庭廢水污染了琵琶湖，一九七七年水質急劇惡化，產生嚴重優養化的「紅潮」現象，琵琶湖差點「窒息」而死，震驚日本社會。

經過近三十年的努力，湖水水質年年變好，終於重現昔日的碧波蕩漾，這全靠在地歐巴桑的智慧。

換用無磷洗衣粉，主婦救死湖

「家庭主婦們發起使用生態洗衣粉運動，成功搶救琵琶湖。」滋賀縣琵琶湖環境部副參事三和伸彥指出，在政府採取行動之前，以家庭主婦為主的消費者團體成立「學習會」，找出改善水質方法，發起改用無磷生態洗衣粉的生活運動。

周邊的農田使用化肥和農藥，差點讓琵琶湖窒息而死。

經過近三十年民間與官方的努力，琵琶湖終於重現昔日的碧波蕩漾。

家庭主婦們發起拒用含磷洗劑，改用生態洗衣粉。

電子看板公布即時的琵琶湖水質狀況，提醒民眾共同關心。

「雖然較不易溶解，為了救湖水，大家群起響應。」三和伸彥說，媒體力挺主婦們的環保行動，政府也跟著發起「換用無磷洗衣粉」活動，讓民眾拿家中的洗衣粉免費換取無磷產品。此舉惹惱了洗劑業者，在媒體刊登廣告反制，卻適得其反，反而讓民眾更察覺問題的嚴重性。

民氣可用，滋賀縣政府在一九八〇年七月立法管制含磷洗劑，改善琵琶湖優養化，也使日本成為全球第一個限制含磷洗劑的國家。

「川端」式水池，長久流傳的環保概念

往湖的上游走，一個不到兩百戶人家的針江社區，為琵琶湖前世今生提供解答。

山上的積雪在夏天化成清泉滲流地下，成了針江社區的天然湧泉。多數居民家裡都有一口深十二到二十四公尺的水井，引這甘冽的湧泉飲用。

不靠抽水馬達，湧泉源源不斷流入一個稱為「川端」的三段式水池中。這是針江社區自古以來獨特的生活用水設施，第一段水池稱為「元池」，池中的水可以生飲，口味甘美。

第二段「壺池」洗菜、洗臉，水溫終年攝氏十三度，夏天是天然冰箱，當地人用它冰鎮西瓜、豆腐。第三段「端池」是主婦刷洗炊具的地方，從端池流出生活廢水匯入自家門前的小河，再流入琵琶湖。

琵琶湖上游，針江社區如何保護水源？

1. 戶戶有「川端」水池：這裡的家戶都有一個名為「川端」的用水設施。
2. 池水，舀起來就能喝：前段的「元池」直取天然湧泉生飲，水質甘美。
3. 池裡，洗菜倒廚餘：後段的「壺池」和「端池」用來洗菜、倒廚餘，餵飽池裡的鯉魚。

針江社區居民珍惜上天賜予的天然湧泉，更小心翼翼不污染下游的琵琶湖。

廚餘餵鯉魚，炸油換肥皂

七十八歲的阿嬤三宅嘉子在川端裡養了七條鯉魚，吃過咖哩飯的晚餐，她不急著洗碗，「把碗盤泡著，明天一早就變得乾乾淨淨了。」三宅阿嬤指著七條體型豐腴的鯉魚說，牠們最愛吃咖哩飯了，平時也吃米粒、菜渣，如果碗盤太油膩，就用「歡迎回來」肥皂粉來洗。

裝在寶特瓶的「歡迎回來」肥皂粉是友善環境的生態洗劑，白色粉末外觀和一般洗衣粉沒兩樣，「我們把炸天婦羅的廢油收集起來，到公民會館（社區活動中心的廢油回收點）用一百零五元（台幣三十八元）換回這瓶肥皂粉。」社區導覽志工福田千代子說，生態肥皂粉是聘用身心障礙者製成的，不僅環保，還具公益價值。

普及下水道，不讓一滴污水流進湖

十六年前，針江社區完成污水下水道建設，新蓋的房子沒有「川端」，但刷牙、洗衣水全接進下水道處理，確保沒有一滴污水流出社區。

「我們住在上游，把水弄髒了，下游的琵琶湖就會受害。」三宅阿嬤說出針江社區居民的生活態度，也看見呵護琵琶湖水質的用心。

針江社區保護水質的生活型態遠近馳名，每年吸引上千人次的參觀人潮，半數以上是外國人，參觀導覽的門票和可口的土產，為社區帶來不錯的收益。

針江社區保護水質的用心吸引許多人來參觀。

社區進一步找出友善環境的永續發展模式，除了培訓各種志工，還發行社區貨幣，「我為你們導覽一小時，可獲得一枚五百元社區貨幣。」福田千代子說，這張可以在超市、商店購物流通的代幣，可以支付志工「工資」，吸引更多人參與環境清理、綠化等工作，讓家園更美好。

由下而上的治水力量

琵琶湖恢復容顏，成為旅遊勝地，這股由下而上的力量功不可沒。而政府普及下水道、實施超高的工廠污水排放標準，補助農民推廣有機種植，擴大了整治綜效。

台灣五十條河川中，尚有七百二十六公里、約四分之一長度的河川水質屬中重度污染，本島二十座主要水庫有五座水質嚴重優養化。琵琶湖起死回生的例子正是台灣的借鏡。

導覽志工為民眾解說。

污水全流進污水下水道處理。

台灣

鄭朝陽／文字

台灣治水困境，立法難、整合難——專訪李鴻源

「國外的治水經驗，不要只看結果，要看過程。」公共工程委員會主委李鴻源熟悉日本、荷蘭的治水做法，但「台灣只能羨慕，因為人家的決心、法令、執行力和專業都比我們強」。他強調，如果法令不突破、政府部門不整合，台灣淹水問題只會更嚴重。

李鴻源說，二十年前就知道日本推動「綜合治水」蓋地下河川；二十年來，台灣水利、營建官員赴日本、荷蘭考察治水者絡繹於途，但這些經驗為什麼台灣做不到？

土地過度開發，降雨逕流量大增

「最大的差異是人家有先進的立法，台灣沒有。」李鴻源表示，日本政府立法要求都市開發後不能增加降雨逕流量，建商蓋房子要用滯洪池吸收下雨時基地往外排的水量，並設法讓雨水入滲地下，「這個法令一通過，城市淹水問題已解決一大半。」

李鴻源說，從北到南，建商無限制地開發，城市的透水面積越來越少，政府就必須不斷投資興建下水道。

李鴻源表示，林口台地的房子蓋得密密麻麻，降雨逕流量大增，下游

的新莊、泰山、五股飽受淹水威脅，「二十年前，新莊塔寮坑溪上游流量每秒八十立方公尺，現在已暴增到三百多立方公尺，增加三倍。」政府只好拚命投資在下游蓋抽水站，抽水站越做越大，淹水問題還在。

治標不治本，治水關鍵在整合

日本治水多管齊下，效果逐年顯現，台灣只能乾瞪眼。李鴻源說，日本斥巨資蓋地下河川，我們的官員老是說台灣沒有這種財力，但若認真核算，「搞不好台灣單位面積的治水經費會比日本高，只是我們花的錢永遠是治標的工程，沒有非工程的治本做法。」

東京、大阪這些大城的都市計畫和治水工程都結合在一起，因此稱為「綜合治水」，荷蘭也是。李鴻源感慨，日本、荷蘭治水成功關鍵在於跨領域、跨部門的整合，「很遺憾，這都不是台灣官場的文化。」他說，台灣真正懂治水的是水利署，但不管都市排水；營建署管都市計畫，對水的了解僅止於做都市排水的下水道，相當淺層，這兩個單位向來各搞各的。

水利、都市與國土規畫，從大學就跨好幾個系，人才養成過程沒有跨領域的整合與訓練，如何期待政府會治水？

CHAPTER 6

都市農夫不是夢

日本

鄭朝陽／文字
潘俊宏／攝影

高樓屋頂養蜜蜂
東京銀座最新流行

在都市務農成了日本東京的樂活新時尚，一群都市農夫在銀座商圈的頂樓養蜜蜂，並號召更多人把閒置的屋頂變菜園，讓屋頂菜園變成招蜂引蝶的樂園，東京天空也有越來越多的開心農場。

東京銀座商圈的「紙漿會館」十一樓屋頂，幾十萬隻蜜蜂安分地住在蜂箱裡，很難想像在亞洲最貴地段的大樓屋頂，竟成了養蜂場。

銀座蜂蜜，東京限定

「今年梅雨提早了兩周，耽誤了採蜜。」田中淳夫招呼工作人員和見習的社區民眾穿戴防護衣帽，用熟練的身手取下蜂巢上的蜜蠟，再用機器析離出芬芳美味的「銀座蜂蜜」。他說，三到六月是採蜜的最佳時節，未料連日梅雨攪局而延後，也因為雨下太久，花蜜銳減，以致蜂蜜甜度減了十度，「但滋味還是很棒！」

田中淳夫與高安和男在二〇〇六年共同創辦非營利組織「銀座蜜蜂計畫」，原本只是好奇紐約、巴黎在都市養蜂的現象，加上東京的皇居、濱離宮植物園等綠地總在春夏開滿各式花卉，「如果也在東京市區養蜂，這些花就有了附加價值，而能吃到都市產的蜂蜜也是件新鮮事。」田中淳夫突發奇

幾個國際大城流行在都市大樓屋頂養蜂，東京銀座這座空中養蜂場住著四、五十萬隻蜜蜂。

都市養蜂帶動屋頂綠化，東京銀座商圈有越來越多的屋頂變成農場，提供蜜蜂蜜源。

想，在都市屋頂養蜂的「Bee Garden（蜜蜂花園）」計畫也跟著成形。

他們看好周邊的環境資源，「蜜蜂花園」計畫決定先在銀座試點。

大廈頂樓闢菜園，一舉多得

「工蜂外出採蜜，活動半徑約三公里。」田中淳夫說，牠們可以採蜜的地點包括銀座的行道樹、日比谷公園、皇居和濱離宮植物園；四月有染井吉野櫻與油菜花，五月是馬栗樹，六月是鵝掌楸和蜜柑的花蜜，這些都距銀座三公里的範圍內。

然而光靠現有的戶外植栽，不足以應付逐年增加的採蜜所需，「銀座蜜蜂計畫」推廣屋頂平台種菜，號召市民成為「都市農夫」，透過種植開花的有機蔬果增加蜜源。

「這些茄子、番茄、絲瓜……都是有機的，動手種不但享受田園樂趣，吃到更是滿足。」老牌的銀座百貨公司松屋率先響應蜜蜂花園計畫，頂樓休憩平台變成菜園，松屋百貨總務部專任係長大木幸生說，今年四月，來自銀座商圈的飯店、烘焙坊、酒吧等店家志工，共同參與種菜，八月收成時，將由飯店大廚用這些新鮮食材煮成咖哩飯和大家分享。

因蜂蜜而凝聚的社區向心力

銀座的屋頂菜園已增加到十幾座，不僅綠化屋頂閒置空間，為頂樓降

工作人員熟練地刮下蜂巢上的蜜蠟。

「銀座蜜蜂計畫」創辦人田中淳夫檢查蜂巢。

東京限定的「銀座蜂蜜」。

機器析離出芳香甜美的蜂蜜。

銀座的冠軍酒保用銀座蜂蜜調製出蜂蜜highball調酒，每杯提撥兩成售價支持養蜂計畫。

溫、節省空調用電，平時不相往來、只有生意競爭關係的商圈業者，在蜜蜂花園的撮合下交情越來越好，也紛紛站出來關心銀座的環境與未來。

「以往和同行是互搶客人的對手，現在因為蜜蜂花園計畫都變成好朋友了。」經營酒吧的白坂亞紀用行動支持養蜂計畫，她是屋頂菜園的志工，也是銀座蜂蜜的行銷大使。

身為「銀座社交料飲協會」理事，白坂亞紀找來銀座酒保大賽的歷屆冠軍得主，用銀座蜂蜜調製一款威士忌蘇打酒「蜂蜜highball」，成了六十六家銀座酒吧最受歡迎的調酒，「消費者點這杯『銀座限定』的調酒，不僅能紓壓，還能貢獻環境。」原來，每杯蜂蜜調酒提撥售價兩成，作為環境綠化及蜜蜂花園推廣基金。

銀座蜂蜜馬卡龍，想吃要排隊

銀座歷史最悠久的銀座西洋飯店也力挺銀座蜂蜜。「我們做的法式甜點Macaron（馬卡龍），只有銀座吃得到。」飯店公關經理田淵美千枝拿出剛出爐的馬卡龍說，推出後總賣到缺貨，至少要一周前預訂才吃得到。

她說，銀座蜂蜜比一般蜂蜜貴兩倍（一公斤三千六百元台幣），但因認同養蜂計畫，附近數十家烘焙坊、飯店業者全都採購製作糕點。除了風味絕佳，這幾年日本提倡個人參與地區發展，也吸引民眾用消費參與這股「蜂」潮。這些彼此扶持所產生的利潤，也會用來回饋銀座的自然環境。

用銀座蜂蜜製作的法式甜點馬卡龍相當可口，總被搶購一空。

蜜蜂為銀座所帶來的不只是商機，牠為植物授粉，讓樹木繁衍果實，鳥類因而聚集，生態環境得到了滋潤而重拾生命力，也讓久居城市的人們省思疏離的人際關係。

呵護蜜蜂，禁灑農藥

在銀座養蜂正引發東京的環境質變。「銀座蜜蜂計畫」理事長高安和男表示，由於每天有幾十萬隻蜜蜂飛到市區採蜜，因此去年起，銀座所在的中央區公所自動刪減五百萬日圓（約台幣一百八十萬元）的行道樹農藥預算，天皇也下令皇居的植栽不可噴灑農藥，確保辛苦的蜜蜂快樂出門、平安回家。

從銀座出發，都市養蜂場正向大阪、名古屋、札幌、仙台、北九州市等地擴散開來，對都市環境和生活品質的影響，勢必與日俱增。

辦公室農園
新科技結合新觀念

如果能在絲瓜棚下喝咖啡思考、在番茄園裡和客戶談生意，在充滿花香的屋頂花園午餐，上班的心情肯定不壞。距離東京車站不到三分鐘車程的保聖那（PASONA）人力銀行總部大樓，就打造了一座綠意盎然的辦公室農園。

綠色辦公室，員工每天加菜

推開「保聖那」大門，映入眼簾的接待櫃檯風景大不同：黃瓜長藤順著牆面爬滿棚架，交織出一條迎賓綠廊。初次造訪的賓客無不「哇、哇」驚呼連連，臉上洋溢著驚豔的笑容。

這只是給訪客的見面禮，大樓裡的廁所、會客室也種滿了綠色植栽，幾個樓層都開闢「農園」，透過調節溫濕度、螢光照明和營養液供給，不必使用土壤就能栽種香菇、木耳、番茄、檸檬、茄子等蔬果，而且結實纍纍。一樓原本有一片年產一百五十公斤的室內稻田，因遇上日本核電廠災變的節電要求，暫時停擺。

「這些水耕的蘿蔓萵苣，每天為員工加菜。」保聖那新事業開發部經理坂見沙耶加指出，辦公室農園所種的菜不外賣，純粹供員工餐廳沙拉使

保聖那人力銀行總部的接待櫃檯爬滿綠藤，令人心曠神怡。

用綠籬當隔間的公共討論區。

用；二樓一半的辦公區改成開放式的討論區，原本的隔間牆改種蔬果形成綠籬，天花板也爬滿黃瓜、苦瓜等藤蔓作物，舉目皆綠意，和另一半傳統辦公室相比，形成強烈反差。

園藝紓壓，打造人性化工作環境

「這是與自然共生的辦公環境，對員工的視力、心情很有幫助。」她說，員工的健康是公司資本，提供舒適的工作環境是綠化辦公室的主要動機。至於打造辦公室農園，則是藉由員工輪流照顧，發揮「園藝治療」的紓壓效果，最後吃到親手種的有機蔬菜，「不但開心，也有益健康。」

日本務農人口大量流失，逐漸影響日本的糧食自給率。保聖那人力銀行響應政府政策，積極參與推廣人才「回農」，除了輔導中高齡人員從事農業生產的二度就業，也招攬日本年輕人加入務農行列。

「對於有興趣用新觀念和新技術務農的人，這座辦公室農園讓他們眼見為憑。」坂見沙耶加表示，有些人回不了農村，想在城市務農，透過這套生產系統，可縮短生產週期、提供安全有機蔬果，創造新型態的農業。

別出心裁的辦公室農園，看似人力業者創造話題的噱頭，卻為人性化辦公環境和解決農業問題提供了解答。

保聖那人力銀行在辦公室開闢農園，種出黃瓜、番茄、檸檬等蔬果，員工參與種菜，很有紓壓療癒效果。

澀谷屋頂開心農場
上班族療癒新選擇

日正當中，做好防曬措施的宮本佳壽子正為田裡乾渴的農作物澆水降溫。只是，這畝田不在鄉間農村，而在東京鬧區澀谷的公寓屋頂。

這座名為「表參道彩園」的市民農園（當地稱「貸菜園」），位在澀谷一棟三層樓公寓的屋頂平台上，離地鐵站走路不到五分鐘。這裡看出去沒有郊鄉綠野，而是六本木、表參道、原宿一帶高樓林立的都市風景。

月付五千元，擁有一塊自己的田

兩年前，「銀座農園」公司社長飯村一樹向屋主承租後，轉租給附近居民和上班族種菜。他用每格一乘三公尺的杉木框，把三十坪大屋頂平台分成十六格，每格「田地」填滿土壤和有機肥，結合簡便排水系統，解決漏水問題，也避免過重的建築結構負荷。

每塊小田地月租約台幣五千四百元，出租率始終在九成以上。宮本佳壽子是這裡的「田間管理員」，當承租人分身乏術時，她就是盡責的園丁。

「其實吃進肚子裡的果菜有限，享受的是親手種植的過程。」宮本指著一周前剛種的小黃瓜和茄子說，它們八月就可收成。原本以為這裡會吸引附近居民承租，沒想到來的是上班族居多。她發現，這些「城市農夫」照料

位在澀谷的「表参道彩園」屋頂農場，吸引上班族承租種菜。

東京有樂町等地常舉辦農民市集，讓農民有機會和消費者面對面。

東京屋頂農園概況

立法：2001 年起要求 1000 平方公尺以上的民間建築基地、250 平方公尺以上的公共設施，必須綠化 20% 屋頂，跨出屋頂綠化的第一步。

轉變：屋頂花園逐漸轉為屋頂菜園，提供人們所需的食物，並與蟲鳥共享，增加城市生物多樣性。

可綠化屋頂面積：約 7917 公頃，相當於 10 座日月潭或 305 座大安森林公園。

經營：民間業者經營分租居多。

蔬果時特別投入，臉上的表情也很開心，「很有紓壓的療癒效果」。

自己種菜自己吃，都市人難得的體驗

「這也是都會人的一畝心田。」三十六歲的飯村一樹創立銀座農園公司，就是看穿都會人接近大自然的渴望，「我一直希望能夠吃到親自栽種的安全食物，我想不少人都有相同的念頭。」

飯村說，城市高度開發，土地大多被大樓占滿了，屋頂平台卻多數閒置，「這裡天空遼闊、日照充足，空氣也很流通，很適合種菜。」他列出來的都是農耕的必要條件，但人們長期以來忽略了這些荒蕪的「土地」，其實只要細心打理，水泥叢林也能長出翠綠鮮嫩的果菜，不僅能改善頂樓悶熱及都市熱島效應，也能引導都會居民關心農業，朝食物自給自足的方向邁進。

14%的倫敦人選擇在自家種植新鮮蔬果。

英國

陳宛茜／文字
徐兆玄／攝影

倫敦最時髦的新職業——都市農夫

莎拉（Sara Davies）領著兩個女孩，在倫敦海克尼（Hackney）春田公園裡「下田」。看到我們來訪，她隨手從田畝旁的樹叢中摘下葉子泡茶，「這裡不灑農藥也不放肥料。」鮮嫩的葉片在茶杯裡蕩漾春天的氣息，這是最新鮮的倫敦下午茶。

「我住在倫敦，我熱愛種子與植物。」戴著墨鏡、耳環工作的莎拉，是個時髦的城市女孩，擁有倫敦最時髦的職業——都市農夫。

用部落格寫耕作日記

四年前莎拉參加「耕種社群（Growing Communities）」的都市農田，從志工、助理一路當到總監。如今莎拉管理三處農田，帶領逾百位倫敦人在假日「下田」。

「越來越多人搬進都市。但在都市裡，人與土地、食物的關係淡漠無比。我們走進超市買食物，卻不知道它們怎麼從土地裡長出來。」英國都市人口高達百分七十八，農業人口卻僅占百分之二，莎拉認為，解決之道是把農田搬進都市、把都市人變成都市農夫。

忙完農事，莎拉坐在電腦前，把這一天的耕作日記寫進部落格中。「你們很快就會吃到新鮮的捲心菜。」她貼上捲心菜照片，還附上自製食譜。

耕種社群的蔬果配送中心，提供許多家庭有機蔬果。

耕種社群向政府租借公園用地，供居民耕種。

耕種社群，英國正夯

每周三上午，這群都市農夫的心血結晶，和二十五個專業農夫所種植的蔬果混合，一箱箱運往六個配送點。下午，上千名參與契約合作計畫的海克尼居民陸續抵達，帶走一袋袋為他們量身訂做的蔬菜。每個袋子裡放上一張紙，列出產地與食譜。

袋裡超過七成的蔬菜和三成的水果來自海克尼，近九成蔬果來自倫敦，沒有一份蔬果來自歐洲以外。耕種社群工作人員凱莉（Kerry Rankine）驕傲地表示：「我們不但減低食物里程，還支持了二十五個小農、復興了四百英畝的農田。」

成立於一九九七年的耕種社群，是倫敦第一個「社區支持型農業」。這是英國正夯的一種農業組織，社區居民組成團體與農家訂立契約，預先支付耕作所需款項，農夫再根據居民需求生產蔬果，而社區居民還可以參與耕作、自耕自食。

耕種社群會員每年遴選理事，負責監督耕作方式與品質。本屆理事長潘妮（Penny Walker）說，耕種社群的農夫必須以消費者認可的方式生產食物，而農夫也會邀消費者進入農田，了解「土地守護者」的辛勞。

農夫市集成為另類自然教室

二〇〇三年，耕種社群成立倫敦唯一全有機農夫市集「斯托克紐因頓

耕種社群的農夫總監莎拉。她本是上班族，轉職成為都市農夫後依然時髦。

為了減低食物里程，斯托克紐因頓市集上的蔬菜全部來自本地。

英國都市農夫小檔案

城市人口占比：78%

農業生產總值：157.8 億英鎊（約台幣 7485 億元），占國內生產總值 0.9%

農業人口：約 54 萬人，占總就業人口 2%

耕地面積占比：18.9%

都市農田：2008 年底，倫敦市長波利斯和倫敦食品協會主席羅西推出「首都種植」計畫，預計在 2012 年倫敦奧運前達到擁有 2012 處社區農田的目標，現已有 1199 處。

都市農夫：估計有 8.3 萬名英國人在市政機關登記租用農地。光倫敦一地，估計 3 萬人租種農地，14% 的人口選擇在自家花園種植綠色蔬果。

（Stoke Newington）」，設攤者全是本地農夫，多數農田位在距離市集六十哩之內。

周六，原應放假的威廉佩特小學卻是人聲鼎沸。這所小學在周六變身為農夫市集，成為另一種學校。居民雪莉說：「我喜歡帶著孩子來這裡買菜，教他們認識食物與農夫。」

在這座大自然教室裡，老師是農夫，課本則是大自然。被居民暱稱「香菇老師」的馬修，攤位上堆著十幾種菇類。他一邊拿大湯匙攪動鍋裡的香菇湯，一邊向顧客介紹新發明的菇類食譜。「這裡每個攤販都能解釋食物的來源和作法，你不必面對冰櫃和一無所知的店員。」耕種社群工作人員妮可表示。

台灣顧客樂美琪驚喜發現，攤上多了台灣人喜歡的杏鮑菇，「這裡的食物會根據顧客的需要調整，因為他們自己就是生產者。」

「社區支持型農業讓社區更融洽，」留學倫敦的樂美琪最初是為了碩士論文而研究「耕種社群」，寫著寫著她愛上這裡，乾脆搬了過來，「農田和食物是凝聚居民最好的接合劑。」

致力減少食物運送里程

市集和對面的連鎖超市 Costco 只隔了一條馬路，卻像兩個世界。超市裡是一排排冰櫃，市集裡則沒有溫室食物和冷凍食物；超市主打「異國風味」，市集裡卻沒有一份蔬果來自倫敦以外。凱莉說：「我們不只減少食物運送里程，拒絕濫用能源製造的食物，還鼓勵消費者騎單車買菜。」

斯托克紐因頓農夫市集只能買到當季的當地水果，卻無損於消費者對它的喜愛。顧客溫妮說她每次來這裡都充滿驚喜，「你雖然冬天買不到草莓，卻可以在春天看到幾十種草莓。」這個農夫市集曾被《Time Out》等多家雜誌票選為倫敦最佳市集。

成功企業總是擔心模仿者搶生意，耕種社群卻大方在網站公開經營模式。凱莉說，耕種社群正協助七個團體建立社區支持型農業，「我們希望透過社區支持型農業，恢復人和土地、食物的關係。」

斯托克紐因頓市集每周六開張營業，它曾獲選倫敦最受歡迎的市集。

沙拉包裡頭全是有機蔬果。

迎接奧運
倫敦把高樓變回農田

「把你的手弄髒吧！」倫敦「首都種植（Capital Growth）」網站的計分版，數字一天天增加。這個數字代表倫敦社區農田的數量。「倫敦政府希望在二〇一二年奧運之前，達到擁有二〇一二個社區農田的目標。」倫敦農夫麥可（Michael Turrisi）表示。

迎接奧運，有的城市大興土木、將農田變高樓；倫敦卻反過來，將高樓變回農園。

土地交換、低價承租，倫敦人也能享受田園樂

由倫敦市長波利斯主導的「首都種植」，以資金和技術協助倫敦農夫「開疆闢土」。目前已在都市開墾逾千處社區農田，遍布學校、大廈屋頂、教堂等都市角落。麥可工作的「溫洛克穀倉（Wenlock Barn）」農園，便是利用住宅區空地。

以網路將廢地轉為農田的「農地交換網站」也盛行一時。二〇〇九年「土地交換（www.landshare.net）」網站成立。擁有閒置空地的地主可上網登記，讓想當農夫的人從中挑選，用「以物換地」方式承租，兩年來在英國速配超過三千英畝的農田。

麥塞特農場公園是歐洲最大的都市農園，與金融區金絲雀碼頭相距不遠。公園裡養著南美駱馬，是都市中難得一見的景象。

麥塞特農場公園提供農田供都市人租賃耕種。

都市農田因此成為倫敦新景點。旅遊雜誌《Time Out》新出爐的「一千種玩倫敦的廉價方法」，將「都市農園」列為必遊。根據書中所列，倫敦最精華的一、二區，竟有十個以上的大型都市農園。

公園養駱馬，大樓築蜂巢

其中最大的麥塞特農場公園（Mudchute Park & Farm）占地三十二英畝，卻與高級金融區金絲雀碼頭相距不遠。麥塞特歡迎認養牲畜和承租農田，公園裡一幕畫面讓人莞爾——一群南美駱馬躺在草地，遙望不遠處的摩天大樓。

蜜蜂也是倫敦亟欲迎進門的嬌客。「首都種植」的姐妹計畫「首都蜜蜂（Capital Bee）」，目前已協助五十個「社區蜂巢」在這個大城市落腳，彷彿好萊塢「蜂電影」真實上演。

碩士研究倫敦農業的樂美琪表示，倫敦政府歡迎非營利組織以低價承租公園土地、改成農田供居民耕種，是台灣可仿效之處。

「社區農田的終極目標是自給自足。」麥可說，經歷狂牛症等污染，可就近監控生產過程的社區農田大受歡迎。他主持的溫洛克穀倉農園除供應參與契作居民，並成功外銷連鎖餐廳。

市場上手工製作的麵包絕不遜於超市裡機器生產的產品。

超市進口作物OUT 在地有機產品IN

「我們必須跟農夫和社區合作，把我們的食物從溫室和超市中搶救回來。」耕種社群創辦人茱莉亞（Julia Brown）說。

農田餵養人們，人們則以支持農地作為回報，共同承擔風險；消費者在市集裡與生產者面對面溝通，享有自耕自食的樂趣和責任。耕種社群「和食物做鄰居」的經營模式，對台灣五、六十歲的人來說一點也不陌生。

離開超市重新認識食物

工業化與全球化餵養出的超市，隔開了土地和人。這一代人在超市中長大，從廣告和冰櫃裡認識食物。

冷凍技術和全球運輸系統消滅了食物身上的季節密碼；而超市光鮮誘人的蔬果果皮底下，藏著人工美化的謊言與跨國廉價勞工的血汗。

身為工業革命與全球化源頭的英國，上世紀末吹起了「食物在地正義」的號角。

一九九〇年代英國農業受全球化影響，只生產經濟效益高的作物，大量倚賴進口作物。為了對抗作物不均衡和支持本地農夫，茱莉亞和幾位海克尼居民，聯手創辦了「耕種社群」。

因為狂牛症等食物污染問題，越來越多倫敦人選擇上農夫市集買有機蔬果。

比起冷冰冰的超級市場，上傳統市場除了可以買到更多當地的食材，也多了份人情味。

農夫市集是大自然的最佳教室。

食物污染與能源危機刺激了社區支持型農業的成長。不相信進口、基因改造食物的農民，重新尋找讓他們安心的食物。耕種社群二〇〇七年達到收支平衡，旗下三處農田，一年創造逾二十萬英鎊的產值。

社區農田讓你吃得健康、吃得安全、吃得心安理得

為什麼要當都市農夫？高學歷的麥可（Michael Turrisi）答案是：「為了社會正義！」現代食物的銷售所得，僅百分之十回到農夫身上。只有當消費者有機會扮演生產者，體會食物鏈的不合理，才能產生扭轉的力量。

離開超市，讓我們重新認識食物。麥可說，食物廣告強調的視覺效果，讓消費者誤認光豔欲滴的蔬果才是最新鮮、美味的水果。而擺脫經銷商與添加物的社區農田，生產的蔬果往往「賣相」不佳，讓陷於「色香味」迷思的餐廳、賣場卻步。「消費者還需要教育」，回到田園是第一步。

回到農夫市集，讓我們向自然學習新的消費觀念。樂美琪說，農夫市集的食物雖較貴，卻可以「吃多少買多少」；超市的食物便宜卻必須大量購買，「吃不完就丟了」，長久下來未必省錢。

改變世界，就從改變你的食物開始。

CHAPTER 7

永續大未來

六本木之丘的大樓屋頂空中庭園是青蛙、鳥兒等動物的樂園。

日本

鄭朝陽／文字
潘俊宏／攝影

東京綠屋頂，有田有菜園

「那對水鴨是從附近公園水塘飛上來的。」站在七層樓高的空中庭園，東京「六本木之丘」大樓資深公關經理秋田朋宏一眼就認出牠們，好像串門子的左鄰右舍那麼熟。水鴨在空中庭園吃飽喝足了，展翅往東京鐵塔方向飛去。

不速之客來來去去，空中庭園的「原住民」也不少。吃蚊子的大肚魚和泥鰍是工作人員放的；不時把頭探出水面的青蛙，是當初蓋空中庭園時，躲在泥巴裡「移民」的；麻雀、蝴蝶、蜻蜓……都把這裡當遊樂場。

屋頂稻田，都市綠島生意盎然

「這裡每年能收割一次稻子。」秋田指著約四十坪大的稻田說，一周前才邀在地青少年插秧，體驗農耕生活，「九月可收成六十公斤的糯米，正好可做一百人份的麻糬。」在六本木之丘，秋天是分享和歡笑的季節。

在屋頂種稻還是頭一回見到。作為當今世界流行資訊中心，六本木之丘以「農村風景」為主題，在地標大樓「森」旁邊的七層樓建築，打造一座花園與菜園兼具的空中庭園，意在保留三百六十年前江戶時代的庭園意象。

為了要在空中賞櫻，整座庭園鋪了八十公分厚土，加上稻田和菜園，四百坪庭園總重達三千六百五十噸，占整棟建築重量的百分之八。這些重量

六本木之丘的大樓都是綠屋頂，其中更有大樓的屋頂開闢稻田，很難想像在東京最繁華的地段可以種稻。

日本人不僅綠化屋頂，連外牆也發展出「薄層綠化」技術，綠牆為節能減碳和美化景觀貢獻不少。

日本立法要求新建築和公共設施屋頂都要綠化一定面積。

原本不利耐震，但建築師利用懸吊式的避震系統，讓庭園成了抗震助力，遇到強震可化解二到三成的搖晃程度，減少每層樓四成的變形角度。

秋田說，雖然平時庭園只限員工休憩，但這座都市「綠島」可以觀賞四季花卉，又能種菜、種稻，提供蟲鳥飲水和食物，不但把地面失去的綠地從屋頂找回來，也發揮構築都市生態廊道的效果。

綠屋頂為城市降溫

其餘十棟六本木之丘大樓也都有「綠屋頂」，綠化面積各占四分之一。全區共有十三處地下雨水貯留槽，收集雨水用於大樓沖廁和植栽澆灌，因為這項調節雨水設計，也減輕基地周邊排水系統的負擔。

「因為綠屋頂，六本木之丘比鄰近地區平均降溫攝氏二到三度。」秋田拿出東京的紅外線熱感影像，證實平地廣為植栽、屋頂廣設庭園的六本木之丘真的比較涼。

東京農業大學客座研究員涂智益指出，日本冬季的綠屋頂，可讓頂樓維持十二度恆溫；夏季在台北實測，有綠屋頂的頂樓住戶，室外溫度可相差二、三十度，室內則可降溫約四到七度，空調用電可省四成左右。

「這是一帖節能減碳、趕走熱島效應的好藥方。」涂智益說，聯合國環境計畫研究顯示，當綠屋頂普及率達到七成時，整座都市的二氧化碳含量將減少八成，熱島效應也將完全消失。

都市中的綠屋頂好處多。

看上綠屋頂好處多，東京都率先在二〇〇一年修法規定新建築須設綠屋頂，截至二〇一〇年七月，創造一千兩百三十三公頃空中庭園，相當於四十七．五座大安森林公園。

福島核電廠災變後，大樓勤種隔熱簾

日本人不僅熱中為建築戴「綠帽」，連建築外牆也要穿「綠衣」。二〇一一年三月的福島核電廠災變，逼使東京人必須節約用電。包括衛浴業者TOTO，以及日本最大的連鎖餐飲集團「雲雀」，旗下的Skylark加州風洋食館，都主動在數百家東京店面的窗外種苦瓜、絲瓜，形成隔熱「綠簾」，能省電兩成。

日本政府同時採取立法和補助策略，催生更多的綠屋頂和綠牆，城市變好看，也發展出新興的園藝產業。

涂智益說，在屋頂種花、種樹，土壤、施肥、防漏等技術越來越講究輕量化，光是東京每年綠屋頂的工程費就有上百億日圓，近幾年還成了技術輸出的「知識經濟」，「這是低碳產業，值得台灣借鏡。」

綠屋頂的好處

- 截留雨水，減輕排水系統負擔
- 為城市吸塵減碳
- 保護建築，延長屋頂的壽命
- 提供生物棲地，增進生物多樣性
- 降低噪音
- 減少冷氣及能源消耗量
- 遊憩好去處
- 為城市降溫
- 城市好好看
- 療癒復健，紓解壓力、緩和情緒

資料來源／奧格斯騰堡屋頂植物園

日本綠屋頂政策沿革

⊙東　京　都	2001年4月起修正「東京都自然保護條例」，規定占地1000m^2以上的新建築物（公有建築250m^2以上），屋頂須綠化至少20%，違者最高罰20萬日圓（約7萬2000元台幣）。
⊙兵　庫　縣	2002年10月起跟進
⊙中央政府	2005年10月實施綠建築法規，要求樓地板面積1萬m2以上的大樓，須達到「綠化量」等四項指標，綠屋頂即屬「綠化量」指標。
⊙2006年4月起	大阪府跟進綠屋頂政策。
⊙2007年4月起	京都府跟進綠屋頂政策。
⊙2009年10月	東京都提高標準，5000m2以上（公有建築1000m2以上）的基地，綠屋頂面積須達25%；若屬聯合開發、區域開發的大基地，綠屋頂須達35%。都政府所屬各行政區也可自行提高標準。
⊙補助與減稅	政府補助綠屋頂工程費最高1/2並得減稅。

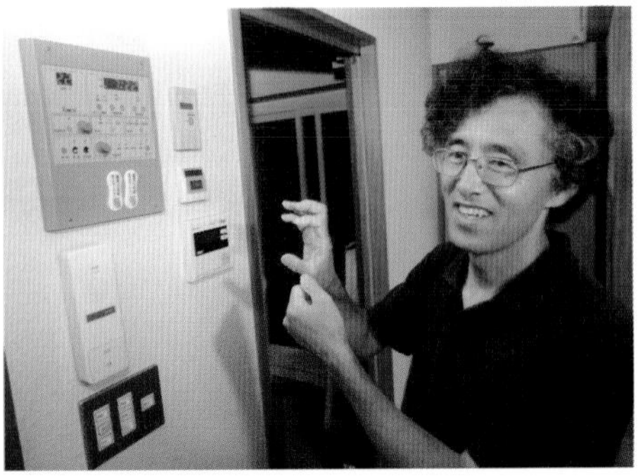

大澤的家是一幢太陽能屋，每年電費至少省一半。

自給自足的太陽能屋

「我家冬天的暖氣免費，夏天可以靠賣電賺錢。」住在東京近郊新橫濱的大澤浩一拿出厚厚的一疊電費帳單，證明所言不虛。

不只發電，還能賣電

大澤的家是一幢太陽能房子，裝在屋頂的兩套太陽能板，每天提供免費熱水和家電、照明的基本用電，用不完的電就賣給東京電力公司，全年結算下來，電費等於半價。

十一年前，千葉大學講師大澤就響應日本的「太陽計畫」，花了約九十萬台幣安裝這兩套設備，政府補助三十六萬。太陽能板借用太陽的熱力，全天提供熱水。「冬天最享受，洗油膩碗盤也免用清潔劑。」大澤說。

「上天送的暖氣」

冬天，太陽能板把太陽的熱氣收集起來，透過屋頂直通外牆、一樓地板的管線和空氣層，把外牆、地板的水泥和木板「烤」得暖烘烘的，配合隔熱玻璃保溫整幢房子。大澤說，這「上天送的暖氣」通常能保溫到隔天清晨。

另一套太陽能板光電板用來發電，天氣好時，大澤家裡的冰箱、電燈、熱水瓶等用電都靠太陽能，但因白天人員外出，用電量很少，多出來的電直

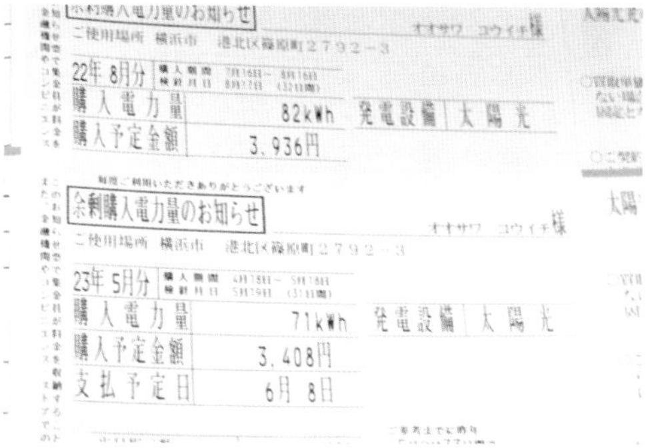

大澤浩一用太陽能集熱板把太陽熱氣送進屋內，當成冬天免費的暖氣；他家還能賣太陽能光電賺錢。

接從配電盤的微電腦賣給東京電力。

「白天一度電我賣四十八日圓，晚上我花一度二十四日圓買回來用，價差一倍。」大澤說，這是二〇〇九年實施的「固定價格購買制度」，讓更多人有安裝太陽能板的意願。

太陽能板技術領先，政府補貼安裝

日本為達成「京都議定書」的減碳要求，最早補貼家戶安裝太陽能板，一開始補貼幅度高達一半，後來隨民眾的接受程度提高而逐年減碼。四口之家約需四千瓦的太陽能光電板，每千瓦的設備費約五十萬日圓，目前每千瓦至少補助七萬日圓。

日本太陽能光電技術領先全球，政府持續加碼支持研發，降低成本、提高普及率。二〇〇九年每千瓦的裝置成本為六十萬日圓，二〇一〇年已降到五十萬日圓左右，到了二〇二〇年，希望減到二十五萬日圓以下，為普及太陽能發電徹底掃除障礙。

福島核災後，乾淨能源需求增

「新推出的房子幾乎都在屋頂裝上太陽能發電和集熱器，否則不好賣。」大澤說，福島核電廠災變之後，人們使用太陽能的意願更堅定，而不論建築設計雜誌或電視住宅改造節目，也都倡導這類設計，連電動汽車充電

越來越多日本人住太陽能屋。

日本在三一一大地震之後被迫節電，公共場所處處可見節電看板，使用太陽能光電的意願也跟著提高。

日本立法提供優惠電價，提高一般民眾使用太陽能光電的意願。

站，也開始由太陽能發電站擔綱，強調「與環境共生」。

京都離福島將近一千公里遠，這裡對核災無感，但人們對乾淨能源的期待更高。「福島災後，想裝太陽能光電板的詢問電話激增數倍。」京瓷公司廣報室中條亞希子說，技術進步讓太陽能光電板的發電效率提高、生命周期延長，而結合光電板的建築設計，也被視為都市新時尚。

京瓷是日本太陽能光電板的龍頭廠商，位於京都的總部大樓，屋頂和南面的外牆各布滿太陽能板，每年省下一成的電力，也是太陽能光電的活廣告。加上廢熱回收發電，整棟大樓的電費也是半價。

價格環保誘因大，民眾擁抱永續能源

價格和環保誘因，讓日本的太陽能房子數量持續攀升。日本太陽能發電協會統計顯示，二〇一〇年日本國內太陽能裝置（含住宅用）出貨量，連續兩年倍增。

「舊一點的太陽能板二十年才能回本，新產品十到十三年就可以了。」中條亞希子說，使用再生能源取代核能、石化能源，是環境安全、永續的終極方向，前提是制度面要讓民眾覺得有誘因。

除了推廣太陽能，日本街頭隨處可見的自動販賣機也逐漸改用風力發電，民間更建立自願購買「綠色電力」機制，為擴大再生能源投資增添助力。

為了永續的未來，日本政府努力不懈，民間也凝聚共識。

瑞典

梁玉芳／文字
陳柏亨／攝影

老舊城區搖身變為生態「綠鑽石」

誰說要成為「永續城市」就得重新造鎮？瑞典南部大城馬爾摩的舊城區奧格斯騰堡在一九九八年歷經一次大變身，經由歐盟及瑞典政府資助，從原本苦於淹水的沒落破敗舊城區，蛻變成「生態新貴」，二〇〇五年都市更新完成，奧格斯騰堡成為「全方位綠色生態城」的成功典範。

全北歐最大的屋頂植物園

整個城市變身計畫中最炫目的，是總計近一萬平方公尺植被的「綠屋頂植物園」，這是全北歐最大的「綠屋頂」，在一九九九年五月完成時，是當時世上第一座綠屋頂植物園，至今仍是北歐上方最耀眼的「綠鑽石」。

「綠屋頂」是奧格斯騰堡區努力在水泥覆蓋的城市中，創造生機的綠化技術之一；都市更新計畫也利用一公里長的開放雨水渠道及調節蓄水的人工濕地，種植本地水生植物，解決歷來的淹水問題。

在綠屋頂花園擔任導覽已八年的露薏絲．倫柏格說，當整個社區被綠色覆蓋，植物在屋頂茁壯，蝴蝶來了、蜜蜂來了，海鳥等野生房客也來了；加上同步進行的住宅計畫、蜿蜒社區的水道與濕地，成為水泥叢林之間的「呼吸空間」，改變了整個社區的景觀與生機。

近一萬平方公尺的「綠屋頂植物園」，是全北歐最大的「綠屋頂」。

宛如各種綠色技術的實驗室

在老城的跨世紀變身計畫裡，各式永續措施在此整合實驗，包括太陽能、垃圾處理、電動車、社區共乘等等，這裡成為「綠色技術的知識平台」，不少研究計畫將本區當成大型的社會實驗培養皿，除了綠屋頂花園的各項生物研究之外，奧格斯騰堡區也是開放雨水處理系統是否能應用至歐洲各地的探索基地。

於是，消失的人口也再度回流，露薏絲說：「現在奧格斯騰堡不再是酒鬼、遊民聚居的貧民窟，而是最適人居的時髦住宅區，我們已是其他城市的典範了。」

綠屋頂花園座落在馬爾摩市技術管理局的龐大屋頂上，蒐集了世界上各式綠屋頂的建築樣本，是對外開放的研究機構。生物學家曾經估計，光是綠屋頂花園就讓奧格斯騰堡的生物多樣性提高百分之五十。

涵養雨水改善空氣，綠屋頂妙用無窮

偌大的屋頂花園像是空中的綠色迴廊，解說員露薏絲壓壓土層，解釋這五〇年代的舊建物，大約每平方公尺可以承重五十公斤，上頭種滿肉質肥厚的「景天屬」植物，耐寒且耐暑，是極佳的綠屋頂植被，「如果新建物屋頂耐重、也做好防水，你要種上松樹，擁有『屋頂森林』也做得到——我親眼看過。」

這裡蒐集了各種綠屋頂的栽植方法，進行各式生物研究，有如「綠色技術的知識平台」。

小小加油站的屋頂，也非得要「綠屋頂」不可。

綠屋頂植物園的流水造景，供野鳥解渴，也為城市降溫。

瑞典舊城區變身綠鑽石

◎ 約 1/5 的奧格斯騰堡居民參與社區更新發想過程。
◎ 奧格斯騰堡過去曾有全瑞典最高的失業率，如今就業率提高 30%。
◎ 每年由綠屋頂花園蒐集並蒸發回大氣的雨水量，能填滿 32 萬 5 千個浴缸。
◎ 污水處理廠每年節約的電費約 7 千 8 百歐元。
◎ 增加生物多樣性 50%。
◎ 7 成的垃圾經回收處理。
◎ 本區的碳足跡降低 20%。
◎ 流失而進入廢水處理系統的雨水也降低 6 成。

資料來源／馬爾摩市政府

露薏絲說，綠屋頂對城市來說，是極佳的降溫利器；還能涵養雨水，減少雨水流入下水道、進入廢水處理廠，也就省下可觀的處理能源；綠屋頂還能吸收噪音及空氣上的懸浮微粒，改善空氣品質，「當然，花園創造了美景，看著就讓人開心。」她笑著說。

生態城魅力，吸引各式新移民

新生的奧格斯騰堡，不斷湧入新住民；和另一個新生永續社區「西港」一樣，吸引丹麥哥本哈根時髦的新富階級跨海移民。另一群「新移民」更是喧囂、難以忽略：大批的海鷗將綠屋頂當作生育基地，在靜謐角落築巢。

在這綠屋頂之上，如同脫胎換骨的城市，生機盎然。

奧格斯騰堡的都市更新計畫也利用一公里長的開放雨水渠道及調節蓄水的人工濕地，種植本地水生植物，解決歷來的淹水問題。

大批的海鷗將綠屋頂當作生育基地，在靜謐角落築巢，生機處處。

馬爾摩市是瑞典第一個「公平貿易」城市。

公平貿易城
用「倫理消費」改變世界

「永續城市」是當今世界主要都市競相喊出的口號，如何「更綠、更永續、更創新」已是二十一世紀城市治理的重要競賽。

真正的永續，來自公民的力量

瑞典南部大城馬爾摩市從上世紀的造船工業城，蛻變成數個綠色城區，以再生能源、綠色交通等技術，雄心勃勃地想要變身成全世界競相模仿的未來生態城市。它的創新及努力，贏得聯合國二〇〇九年的「人居榮譽獎」。

在這些硬體改造之外，馬爾摩市政府相信，「有誠意的永續，得靠公民完成」——永續城市需要健康的公民，養成永續的行為模式。馬爾摩市由「食物」及「倫理消費」下手：學校全面實施「有機營養午餐」，全市更在二〇〇六年成為瑞典第一個「公平貿易城市」。這個意思是指：議會決議支持公部門增加公平貿易產品的採購、全市商店必須供應一定數量的公平貿易產品，以及必須提供公平貿易相關資訊給市民。

倫理性消費意識抬頭

在福利國家如瑞典，政府部門是社會最大的組成，一旦公共採購全以

在馬爾摩，全市商店必須供應一定數量的公平貿易商品，以消費改變世界。

「Astrid och aporna」有機商店一景，從素狗食到對環境友善的刮鬍刀，這裡都找得到。

「公平貿易足球」保證不是出自遠方童工之手。

有機及公平貿易產品的「倫理性採購」為優先選項，「供應商馬上會領教到消費者的集體力量」，馬爾摩市資深環保官員崔佛．葛拉漢說。

馬爾摩市企圖透過集體的努力設下典範，以購買引導生產，讓整個生產過程導向「對環境友善，因此也對人類友善」的永續循環中。

在公部門帶頭、消費者意識覺醒的浪潮下，不傷害地球的有機產品及不剝削農民、童工的公平貿易商品，逐漸進駐馬爾摩市的各家超市貨架。

不傷害地球，不剝削農民

想喝可樂？在紅色選擇之外，來罐白瓶身的「Ubuntu（南非祖魯語，意指「人性」）可樂」吧，每瓶捐出百分之十五利潤給非洲馬拉威的蔗農；喜歡香蕉？貼有黑底藍綠色公平貿易標章的香蕉在馬爾摩銷路奇佳，「光是二〇一〇年，馬爾摩市民就吃掉十九公噸的公平貿易香蕉，二〇〇六年，則喝掉六百萬杯公平貿易咖啡」，確保遠方農人不會受到跨國企業的剝削。

藉著消費，一點一滴改變世界，是可能的，這正是「倫理性消費」的精髓。

踢足球，也要講公平

在歐洲，一九九四年經公平貿易基金會認證的商品只有三種；到了二〇〇八年，已逾四千種。

有機及公平貿易產品多樣化且在各超市都買得到，才能成為市民生活的一部分。

「就算是要踢場足球，也要用公平貿易認證的。」馬爾摩市府負責公平貿易政策的年輕官員艾瑪．貝爾松和卡琳．瓦林果真拿出一顆「公平貿易足球」，作勢踢了起來。她們說，知名足球的常見污名是它可能是某個巴基斯坦小男孩蹲在工廠角落縫出來的；但公平貿易足球確保每一針縫線不是出自血汗剝削。

超過七成的瑞典人知道公平貿易標章的意義，而有機及公平貿易產品多樣化、容易買得到，是成功關鍵。馬爾摩市政府與民間合作出版的《有機及公平貿易消費指南》是搶手刊物，為市民「報好康」，「Astrid och aporna」有機商店是其中之一。

環保與享受不衝突

一百坪的店面，從有機的素狗食到對環境友善的安全刮鬍刀，幾乎什麼都賣，但這裡找不到任何必須殺生才能產製的商品。「我們的商品盡可能是有機及公平貿易。」店長珍妮．史塔佛說。

崔佛說，成功說服市民從事「永續性消費」的祕訣，是讓民眾不用在「綠色良知」和「犧牲享受」之間抉擇，「永續生活不是回到石器時代」，環保與享受也是可以並行的。

營養午餐
目標百分百有機

台灣觀眾熟悉的英國名廚奧利佛，努力要讓「綠色蔬菜」上得了英國學童的學校午餐餐盤，好擊退占領學童胃口已久的炸雞和薯條；這樣還不夠，在瑞典馬爾摩市，官員的願景更前衛：全市學生的午餐不只營養，還要百分百有機。

有機食物大作戰

既然身為各國紛來取經的「永續城市」，馬爾摩市由食物實踐「永續」的決心別具創意：要在二〇二〇年，達到公部門機構轄下所有辦公室、幼兒園、醫院，全面提供有機食物；二〇一二年，先達成各級學校提供有機午餐的短期目標。

馬爾摩市環境部「有機午餐」計畫負責人海倫．尼爾森說：「一天三萬五千份的學校午餐，說的可是巨大的影響力。」

期待透過使用有機食材以及重新設計午餐菜單，以大量採購引導供應商及農民的生產方式，降低溫室氣體排放，並嚴格設下目標：以二〇〇二年為基準，要在二〇二〇年達成溫室氣體減排百分之四十的目標。

海倫．尼爾森說，以公部門採購帶動有機農業，學生也更健康。

健康蔬食，營養又永續

「學校有機午餐」大作戰成績斐然。在二〇〇七年先導計畫結束時，作為實驗的該所小學已達成百分之九十七的食物都是有機，只待推廣到全市。在報告書中指出，雖然有機食物通常價格稍高，但要在不增加預算的情況下達成目標，祕訣就在於：降低肉類使用量，以當季水果與蔬菜代替。

海倫指出，二〇〇九年馬爾摩市所有學校的餐百分之四十三是有機；改變不是一蹴可幾，而是慢慢代換。例如，全市的學生都喝有機牛奶——牛奶是第一項全面有機的食物，接著是胡蘿蔔、包心菜和牛肉，有機菜單正不斷增加中。

讓學生吃得有機，又不增加午餐預算，方法是以更多有機蔬果代替肉食。

8 CHAPTER

為藝術找個家

英國

陳宛茜／文字
徐兆玄／攝影

二樓藝術工作室創辦人馬修，身後是被他改造為歐洲最大藝術工作室的泰晤士河畔老工廠。

古城倫敦 用藝術來都市更新

格林威治鄰近水閘的泰晤士河畔，林立一間間老工廠，簡潔蒼勁的建築線條立於湛藍海景，宛如一幅現代畫。「二樓藝術工作室（Second Floor Studios & Arts）」創辦人馬修（Matthew Wood）在這幅現代畫裡跑上跑下，精力充沛。

這一天正是二樓藝術工作室的開放日（Open Studio），逾兩百位藝術家打開大門，讓工作室變成畫廊。

我們隨馬修走進畫家麥可（Michael Sart）的工作室。他用撿來的廢棄物做拼貼畫的材料，濃烈的色彩吸引了一群小朋友，「這可是環保教育的好機會。」倫敦畫家賓達（Binda Joy）打開門，笑靨迷人地遞上紅酒，邀我們看新作。喝了紅酒的馬修興致高昂，「他們可能是未來的透納、畢卡索。」

給藝術家一個自己的房間

一九二八年，知名作家維吉妮亞．吳爾芙在倫敦寫下：「一個女子如果要寫小說，必須擁有自己的房間。」如今的倫敦不只是文學之都，更是當代藝術之都。「藝術家為倫敦創造魅力與產值，」馬修說，「要讓藝術家安心創作，我們必須給他們一個房間。」

將工作室設於倫敦東區的藝術家沃倫（Warren Chapman），工作室就像一間畫廊。

二樓藝術工作室的開放日，倫敦畫家賓達（Binda Joy）敞開大門歡迎參觀。

二樓藝術工作室擁有逾三百間藝術家工作室。

一九九七年，馬修從格林威治著名藝術學府Goldsmiths學院畢業，主修繪畫的他卻找不到負擔得起的工作室。他說：「在倫敦這個物價世界第二高的大都市，初出茅廬的新人不可能一邊努力賺錢，一邊努力成為一個好的藝術家。」

當時正是倫敦從古都轉型為現代大都會之際，都市更新的怪手伸向許多老房子，「除舊布新」的速度一如現在的台北。「我們必須為這個金錢與科技主導的世界，保留藝術的空間。」馬修放棄當「藝術家」，把夢想改成「為藝術找一個家」。

藝術家進駐，社區房價跟著漲

他和同學凱文（Kelvin O'Mard）合創二樓藝術工作室。創業作是將一間老工廠翻修為藝術家聯合工作室，以遠低於市價的價格分租給六十位藝術家。

馬修從老房子身上看到無形的潛力與價值。他看中泰晤士河畔船塢的老廠房，先和銀行借錢租賃其中一棟，整修成工作室後分租給藝術家，再用獲得的利潤承租一棟接一棟，藝術版圖慢慢擴大。

「這麼多年來，藝術家為社區創造了許多無形的價值；只有當地價提高時，人們才看得見。」馬修打開電腦，亮出許多檔案和報表。這些是他跟銀行家、地產商開會，贏得融資或土地契約的重要武器。

二樓藝術工作室領域多元，也有家具設計師。

大陸水墨畫家郭洛，在這裡找到藝術第二春。

二十一世紀是藝術產值逐漸被「看見」的世紀。二〇〇一年，由老發電廠改建而成的倫敦泰德當代藝術館（Tate Modern）成功轉型，一年吸引四百萬名遊客，成為全世界最受歡迎的當代美術館。倫敦東區被藝術「都更」後，更從貧民區翻身為地價高漲的時尚「潮」區。

這些例子鼓舞了倫敦房地產商和投資者。馬修成功說服房地產商 Emafyl Properties 一起合作，讓泰晤士河畔這群舊工廠重生為歐洲最大的藝術中心——擁有三百間藝術工作室、面積達十二萬平方公尺。

多元創作，百花齊放

「許多人認為藝術家應該忍受孤獨，但藝術家一旦群聚，也會發揮意想不到的能量。」大陸水墨畫家郭洛說。

郭洛二十年前移居倫敦，經濟因素轉而從商。成家立業後他「感到體內藝術的召喚」重拾畫筆，在二樓藝術工作室為他的終生興趣找到了個「家」。鄰居莎拉（Sarah Priddis）則丟掉畫筆近十年，偶然來到「二樓」又重燃創作欲望。

「我們在這裡找到藝術的感覺，」郭洛的鄰居包括畫家、雕塑家、服裝設計師、攝影家、玻璃藝術家……「我們創作的領域不一樣，但面臨的挑戰和孤獨是一樣的。」他在這裡找到了對藝術的認同感和勇氣。

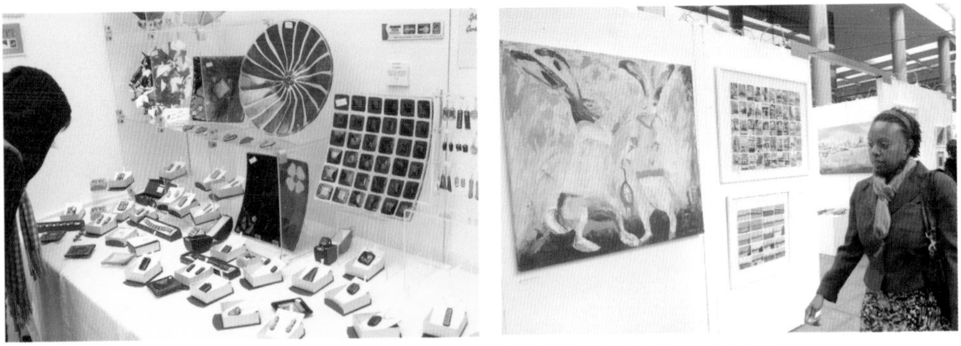

倫敦東區的Spitalfield創意市集，由老市場轉型為畫廊，新舊交融的魅力吸引遊人如織。

藝術產值不容小覷

藝術的群聚效應還包括「開放日」帶來的曝光機會。「許多藝術經紀和評論家固定在『開放日』尋找合作對象與潛力新秀。」郭洛已在倫敦辦了好幾次展覽，如果他關在家中創作、或是自己找工作室做「個體戶」，「伯樂」可能會遲來好幾年。

藝術工作室還提供社區居民親近藝術的機會。在隔壁高中教美術的吉爾（Gill Harding）經常帶著學生來「二樓」參觀，「他們可以實際了解藝術家創作的過程。」

金融風暴後，倫敦政府對藝術家的補助大為減少，許多像「二樓」這樣的藝術聯合工作室組織紛紛叫窮。馬修不以為意，「藝術聯合工作室可以創造自己自足的商業模式。」「二樓」帶著藝術家進駐泰晤士河畔後，地價慢慢上漲，吸引越來越多房地產商願意跟馬修合作。他信心滿滿：「藝術可以創造產值，而我會讓大家看見。」

英國畫家麥可（Michael Sart）用廢棄物做的拼貼畫，吸引小朋友參觀。

倫敦是藝術之都，許多民眾平日就很喜歡逛藝廊看畫展。

群聚力量大
藝術家不再單打獨鬥

倫敦是當代藝術之都，每個角落都可以撞見藝術，這或許跟藝術家工作室的普遍有關。然而，不是每位藝術工作者都像馬修這樣長袖善舞，可與銀行家、地產商打交道。二〇〇六年，英國文化協會在藝術工作室組織ACME、ACAVA 等協助下，統整全國一百四十七間藝術工作室組織，組成全國藝術家工作室連線，簡稱 NFASP。

「藝術家為社區提供創意與活力，如果我們想要享有這些，就必須付出——提供他們所需要的空間。」NFASP 副總監海倫（Helen Pike）表示。

走進 NFASP，眼前的畫面讓人驚訝。這個代表英國一百四十七間藝術組織的半官方機構，卻只向倫敦建築師學會租借了兩張桌子當辦公空間，就像藝術在這個城市所占的地位——看似無形卻能量驚人。

媒合藝術家與地產商的工作室連線

有了 NFASP，這些藝術組織不必單打獨鬥。政府注資協助 NFASP 進行研究調查，評估閒置空間轉為藝術工作室的潛力；並為像馬修這類的「藝術房地產商」提供商業訓練。它同時也是窗口，媒合有興趣出租工作室給藝術家的房地產商與藝術家。

走在被藝術都更的倫敦東區，連街角都可撞見藝術。

NFASP的辦公室小到只有兩張桌子。

「公眾對於藝術家所創造的價值，缺乏認知。」海倫表示，全國藝術連線的主要工作之一，是將藝術的無形價值轉為有形，讓公眾看見藝術的價值。他們曾做過一項調查，其所提供予六千名藝術家的工作室，一年創造約一千六百萬英鎊的產值。

在NFASP這兩張桌子上，許多改變英國藝術生態的會議、調查默默進行。海倫說，他們向政府申請經費，補助關於藝術村與藝術特區的產業研究；藝術組織再憑這些研究數據，說服房地產商或銀行投資藝術聯合工作室。

以市價三分之一承租工作室

對藝術家來說，擁有工作室是走入藝術世界的第一步。ACME創意總監強納森（Jonathan Harvey）說，藝術聯合工作室組織提供的工作室，租金是市價的三分之一。英國藝術家開工作室須付營業稅，但政府會透過藝術組織補助或減少藝術家的營業稅，而藝術組織將整棟建築包下出租，租金也比單間租賃的工作室便宜。

旅英台灣藝術家蔡筱淇，畢業後的第一個工作室便是由ACME提供。「一群藝術家一起提出申請時，他們會優先考慮年輕、剛踏出校門的藝術家。」蔡筱淇累積能量後，兩年前以雕塑作品「The Lion」獲選中國城公共藝術設計比賽首獎。如今她已搬到另一間更大的藝術工作室。

台灣藝術家蔡筱淇，認為倫敦的藝術工作室制度是培育新秀的重要推手。

打開工作室，讓公眾看見藝術的價值

藝術工作室的群聚效應可創造新的價值。二〇〇五年十一月，藝術組織ASC舉辦藝術節「把藝術打開（Arts Unwrapped）」，開放倫敦一千個藝術家工作室，三天內吸引一萬四千名觀眾。

但「開放日」必須有一定的規模才能產生效應。海倫表示，根據他們的研究，藝術工作室必須達到二十到二十五間的規模，租約必須長至五到七年，才有足夠資格打造可進行展演、教育的商業模式，進而創造可回饋藝術家的利潤。

藝術家為土地創造商機，但卻往往被迫吞下地價飛漲的苦果，被水漲船高的房租逼得另覓他處。馬修說，聯合藝術工作室可以簽定長約保證租金穩定、給予藝術家穩定的創作環境，如二樓藝術工作室的租約可簽到二十年以上。

海倫說，NFASP提供全英國六千名藝術家工作室，「但還有五千名列在等待名單上。」馬修的「二樓」更是藝術家搶破頭想進來的樂土。他認為，藝術工作室不是基於藝術家的需求而誕生；而是反過來，「因為有了藝術工作室，讓更多藝術家誕生。」

台灣插畫家鄒駿昇在倫敦東區的工作室。

台灣插畫家，倫敦孵夢

旅英台灣插畫家鄒駿昇打開窗，下午的陽光射了進來，在工作室畫下一條條陰影。歷經多次修補，這片窗戶由不同材質的玻璃拼成，「每塊玻璃都是一個時代留下的工業痕跡。」在他眼中，這棟房子就是一件藝術品，時間的藝術品。

年輕藝術家來了，倫敦東區變潮了

鄒駿昇的工作室位在倫敦東區。這是一棟五十歲的老工廠，租給十多名藝術家當工作室。這樣的老房子在台灣稱不上古蹟，面對「都市更新」的洪流隨時可能滅頂；在倫敦，它們卻成為藝術家孵夢的搖籃。

鄒駿昇身體流著藝術血液，在台灣卻只能當個美術老師。數年前他毅然放棄教職，前往倫敦尋夢。畢業後，鄒駿昇依循英國藝術家的「傳統」申請聯合藝術工作室，搬進倫敦東區。

上世紀，倫敦東區還是以開膛手傑克聞名的貧民區。二〇〇二年，一群年輕藝術家看上這裡極具現代感的老工廠，租下作為聯合藝術工作室。「藝術家來了，畫廊、酒吧、咖啡館來了，人潮也來了。」藝術魔棒一點，倫敦東區搖身變成潮人出沒的藝術特區。

鄒駿昇缺乏靈感時，便會到鄰近的商店東逛西玩，「這裡連雜貨店

倫敦有來自世界各地的藝術家，街頭充滿藝術活力。

倫敦東區的二手市集，帶給藝術家許多創作靈感。

倫敦東區的Spitalfield創意市集，原是擁有百年歷史的蔬果批發市場。

都很有藝術感。」他最喜歡到二手店摸摸老東西，斑駁的老鐘、掉漆的招牌……。這些老東西的顏色和花紋也會跟著走入他的畫中，「藝術家的靈感來自生活。」

跨界刺激多，創作靈感源源不斷

和藝術家比鄰而居更是推動他創作的主要動力。「這裡有股力量push你，你不是一個人在做夢。」在台灣，藝術系學生畢業後只能當個體戶；英國的藝術聯合工作室卻將「做夢」的力量延續到校門之外，「你不是一個人在創作，而是一群人在創作。」鄒駿昇也很enjoy一年兩次的「開放日」，「它讓藝術家一邊創作，一邊展出。」

鄒駿昇說，英國的藝術家聯合工作室和藝術學院很像，皆特意挑選不同領域的藝術家，讓他們一起學習、工作，互相刺激。正因如此，英國現代藝術的「跨界」普遍而自然。像他和荷蘭攝影家室友，最近便在台灣舉辦跨界展覽。

「我很擔心，回台後，這股力量會不會消失。」準備年底回台的他，期待台灣也能成立藝術聯合工作室組織。

台灣逐漸了解藝術的附加價值

「台灣有聯合藝術工作室，但缺乏長期經營這種工作室的藝術組織。」

NFASP 小檔案

參與藝術工作室組織：147 個。
托管建築物：270 棟。
名額：每年提供 6000 名藝術家工作室，但每年仍有 5000 名藝術家在等待名單上。
藝術經濟：每年創造 8 億台幣的產值。
倫敦部分：89 棟建築提供 2500 名藝術家工作室，但仍有 3500 名藝術家在等待名單上。
藝術公共教育：50% 的倫敦聯合藝術工作室擁有展演與教育空間。

策展人胡朝聖曾協助忠泰建設成立「UrbanCore 城中藝術街區」計畫，讓老房子在都市更新動工之前暫時轉型為藝術工作室，短短不到兩年時間便讓地價飛漲，「台北的都市更新計畫，或許正給了藝術家創造新空間的機會！」

「台灣過去的都市計畫中，從未思考過藝術家的位置。」胡朝聖認為，藝術聯合工作室創造的藝術商機與所提供的美感教育，在文創時代逐漸被台灣人看見。最近關渡一間學校搬遷後，便將舊校改為藝術工作室，透過他招攬讓十八位藝術家進駐十八間教室。

胡朝聖認為，政府可建立類似 NFASP 的組織，以政府資金協助評估閒置空間的藝術潛力，並鼓勵民間成立媒合藝術家與房地產商的藝術組織。他甚至建議，「政府興建社會住宅時，應該也要把藝術家納入！」政府可在社會住宅建案中保留一定坪數的公共空間，讓藝術家以低價承租作為工作室，但藝術家也必須負上舉辦展覽與藝術教育的責任。

鄒駿昇工作室的窗戶由各種不同玻璃拼成，本身就是一件藝術品。

In
Partnership
with
Pedigree
Reuniting families
and their pets

9 CHAPTER

給流浪動物一個家

英國

陳宛茜／文字
徐兆玄／攝影

擁有151年歷史的巴特西貓狗之家，總共救援了三百萬隻貓狗。

流浪的毛小孩也有幸福窩

今年二月，英國首相卡麥隆宣布家中添了新成員——四歲的虎斑貓賴利（Larry）。賴利並非出身名門，而是來自動物收容所「巴特西貓狗之家（Battersea Dogs & Cats Home）」。發言人指出，牠在巴特西展現強烈的捕鼠意願，被飽受鼠患之苦的首相官邸看上，搖身變為「唐寧街第一貓」。

夢幻貓屋，寬敞狗舍，像家一樣的收容所

來到讓流浪貓「麻雀變鳳凰」的巴特西，一走進貓舍，大家忍不住驚呼。這裡每隻貓都坐擁獨立玻璃套房，套房裡備有貓抓板、階梯、玩具、貓砂盆……空氣中流瀉輕柔的古典音樂——就算是唐寧街的貓官邸，也不見得比巴特西豪華。

這是二〇一〇年巴特西慶祝一百五十周年，民間集資送給巴特西的大禮——花了六百萬英鎊建造的新貓舍。

一八六〇年，愛狗人士瑪莉（Mary Tealby）成立專門收容流浪狗的巴特西。為了籌資興建巴特西，文豪狄更斯在報上撰寫散文〈兩隻狗的表演秀〉。巴特西一八八三年開始收容流浪貓，至今已救援過三百多萬隻狗和貓。

義工莉莎坐在貓咪套房裡，靜靜看著對面瞎了一隻眼的小貓玩球。「貓咪需要獨處的空間。」導覽員夏洛特（Charlotte Walsh）說，想要與貓親近，

巴特西貓狗之家收容的每隻貓均擁有獨立的玻璃套房。

義工莉莎耐心照顧瞎了眼的小貓。

行為治療室裡，治療師觀察貓咪的一舉一動。

你不能主動接近，得耐心等牠靠近。「貓咪如果得不到開闊自由的空間，會感到挫折、煩躁而生病。」為了貓咪的身心健康著想，巴特西打造了「玻璃套房」。

乾淨健康，收容所裡沒有喪家犬

「這是威廉，這是凱特，這是查理。」看見有人走進狗舍，黑白相間的「查理」便把鼻子貼上欄杆，水汪汪的眼睛惹人憐愛。這裡每隻狗的房門都掛上「身分證」，寫上狗的名字、品種、性情等。夏洛特笑著說，威廉世紀婚禮前後收留的狗，都被取上王室成員的名字。巴特西還在婚禮當天辦派對，做蛋糕給貓狗吃。

和夢幻型的貓舍相比，水泥鋼筋做成的狗舍寒酸了點，「我們也準備籌募資金改建狗舍。」但每隻狗依然擁有獨立套房和運動空間。中午的陽光灑進來，這些「喪家犬」顯得精神抖擻。

連接上下層狗舍的是斜坡而非樓梯。夏洛特解釋，狗兒怕高，斜坡可減少牠們的恐懼感。

行為治療撫平受傷的心靈

貓舍和狗舍都備有大量色彩鮮豔的玩具。這可是有醫學依據，「遊戲和玩具會讓牠們心情開朗，比較容易被收養。」

巴特西收容流浪狗後，會先評估行為，分析牠對人及其他動物的反應，及是否適合與小孩住在一起，再做完整的健康檢查，以上程序完成後才會住進待領養的犬舍。

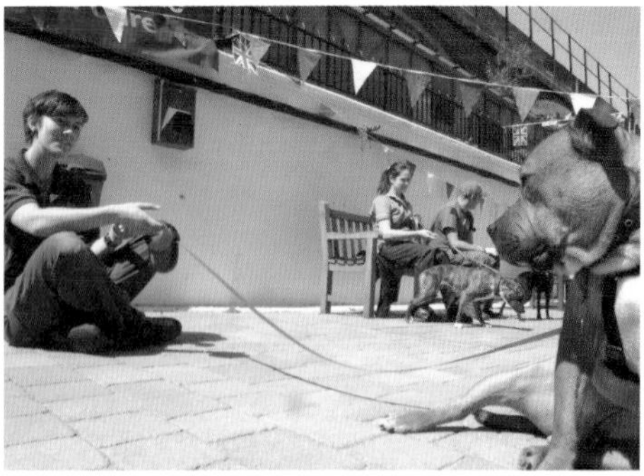

陪狗兒運動、散步，可以幫流浪狗恢復信心。

巴特西為狗兒設計的行為治療運動場。

「巴特西不只是收容所，它還要治療貓狗身體和心靈上的疾病，讓牠們身心健全地前往新家。」夏洛特說，遭遺棄或走失的貓狗，許多都有身心疾病；如果不治療，即使去到新家庭也可能再度被遺棄。因此，巴特西成立一個獨特的再訓練工作團隊，協助流浪貓狗克服行為上的問題。

貓咪的「行為治療室」就像一個溫暖的家，「這讓被遺棄的貓有回家的感覺。」一位治療師正記錄眼前貓咪的一舉一動，「唐寧街第一貓」的捕鼠本領估計便是在這裡被發掘。狗兒則有半露天的「行為治療運動場」，藉各種遊戲、運動讓牠們重新找到自信。

為每隻貓狗找到最速配的主人

中午過後，巴特西出現人潮。下午是巴特西的開放時間，有意領養的人來這裡物色「對象」。不過，想從巴特西領養寵物，可得過好幾關。

首先，巴特西會派員到你的家庭訪視，確定你符合領養的條件。你的家庭成員、房子空間、上班時間都得納入評估，巴特西發展出一套獨特的電腦系統，可以幫主人和貓狗「配對」。

「很多人領養貓狗只是怕孤單。」巴特西評估部門主管麗茲（Liz McWalter）說，巴特西會站在貓狗的角度為牠們設想，確定領養者是否具有照顧貓狗伴侶的能力。

這裡不會出現可魯犬的領養風潮，因為巴特西不容許領養者因一時興

巴特西貓狗之家小檔案

收容：包括倫敦總部與分部伯克郡、肯特郡。倫敦總部平均一天收容 17 隻狗與 7 隻貓，共收容 280 隻狗與 80 隻貓。

清潔：犬舍一天清理兩次，每天都會為貓狗更換毛毯，一天使用超過 1000 條毛毯。

領養：貓狗平均住一個月找到新家，照顧費用平均 4 萬台幣。

員工：倫敦總部僱 230 名員工，包括動物福利人員、獸醫、護士、動物行為治療師、領養、餵食與管理人員。

志工：倫敦總部 400 名。

經費來源：一年約 6 億台幣。81% 來自捐款，12% 來自投資，3% 來自活動籌款，4% 來自領養費用。

起而養狗，也不容許貓狗被當成禮物送給男女朋友。巴特西必須考慮領養者未來的生活規畫；如果領養的房屋是租賃的，還得取得房東的許可同意書。

領養審核嚴，確保貓狗不再流浪

新主人和貓狗還得經過一道「相親」的過程。在領養面試室裡，工作人員會觀察領養人與貓狗之間的互動關係，確定他們適合當「一家人」。領養後，巴特西還會定時派員做家庭訪問，確定貓狗適應新生活。

領養手續不簡單，巴特西的領養率卻高得嚇人。麗茲說，貓狗平均住一個月就會找到新家。巴特西會在網站、雜誌介紹「新人」，「只要巴特西來了新房客，倫敦的愛貓愛狗人士便會爭相走告。」

二〇一〇年巴特西請來知名攝影師為十隻巴特西居民拍照，發行「巴特西一百五十周年郵票」。鏡頭下的貓狗閃亮如明星，很難相信牠們曾經流浪街頭。「巴特西從不拒絕任何一隻貓或狗，」麗茲說，「我們有信心幫牠們新生，再幫牠們找到一個家。」

英國人愛貓愛狗，連路上的街貓也都乾淨漂亮。

眾生平等 貓狗也有動物權

相信嗎，「流浪」到英國動物收容所裡的貓、狗，住的一律是獨立套房，內配休息室和運動間。牠們擁有大量玩具，心情不好時有人類安撫陪伴，玩累了則有音樂助眠。而這些宛如「度假村」的五星級照護條件，可都是白紙黑字的明文規定。

越文明的國家，越善待動物

印度聖雄甘地曾說，一個國家的偉大和文明，可以從他們如何對待動物來衡量。「如果以收容所對待流浪動物的方式來衡量，」台灣動物社會研究會主任陳玉敏說，「台灣比印度還不如。」

台灣許多動物收容所設於垃圾場旁，因為台灣負責捕捉流浪動物的是清潔隊員。而貓狗收容十二天就可以撲殺，「簡直把動物當垃圾！」陳玉敏想到就嘆氣。

陳玉敏指出，狗並非適合群居的動物，因此英國規定，收容所的狗舍必須讓狗獨居。台灣的收容所卻像集中營，數年前台中一間收容所甚至發生狗兒吃同伴屍體的慘劇。這種環境下收容的貓狗，即使找到新家庭也留下身心後遺症，最終可能還是得回到街頭。

越文明的國家，越善待動物。英國人認為萬物平等，因此不管是名種貓還是雜種貓，在這裡都能得到妥善的照顧。

進入英國的公園，映入眼簾的是各種與狗有關的標誌。

動物的守護者——動物保護員

英國流浪動物的捕捉由政府處理，而動物收容所多由動物保護團體籌資興建。但政府與動保團體維持良好的合作關係，捉到流浪動物後便會送往收容所。

英國最具公信力的動物保護機構為皇家防止動物虐待協會（The Royal Society for the Prevention of Cruelty to Animals，簡稱 RSPCA）。該機構設有經考試認證的動物保護員，平日穿制服執勤。民眾如果看到虐待動物行為，也會向 RSPCA 舉報。

RSPCA 雖不具執法效力，卻深具公信力。遇到動物虐待事件，法庭多半採信動物保護員的證詞。

生命教育，台灣待加強

針對動物收容所的設備，RSPCA 有一套鉅細靡遺的規定，包括狗、貓舍必須達一定的高度；每隻狗、貓必須有獨立的休息和運動空間等。此外、收容所還必須提供可刺激動物視覺、聽覺和身體的設備，如輕音樂便可刺激聽覺。

「英國認為萬物平等，台灣則視動物為次等生物。」陳玉敏說，從動物收容所的設備與觀念，可以看出英國「眾生平等」的觀念，這也正是英國發展進步人權觀念的基礎。

陳玉敏認為，台灣始終無法解決流浪動物問題，收容所的品質是癥結。台灣才發展幾十年的動物保護觀念，也許無法跟逾一百五十年的英國動物保護史相比；然而可以從興建一所觀念正確的動物收容所開始，喚醒我們對「生命教育」的重視。

假日的海德公園，處處可見人狗共遊的歡樂場景。

巴特西收容的流浪狗，平均一個月便可找到新家。

林逸民、項南屏夫婦亮出Hector的歐盟護照。

英國公園裡的標誌，提醒主人注意處理狗大便。

只要有主人帶領，狗兒在英國享有與市民差不多的權利。

英國允許貓狗搭地鐵。

教育狗主人，培養好狗民

英國人喜歡逛市集，連狗也不例外。Marylebone 舉辦的狗市集「Dog Day Afternoon」，邀來幾十種跟狗有關的攤位：狗鍊、狗食、狗沙發……一個攤位叮叮噹噹掛滿五顏六色的手指玩偶，我們驚訝：「這不是給小孩子玩的嗎？」老闆微笑：「狗跟小孩有差別嗎？」

狗市民也有護照、房屋契約和保險

歡迎來到英國當「好狗民」！這裡的狗可以上地鐵、逛市集、參加專門為狗設計的健行、運動會；牠們擁有護照、房屋契約……享有許多「狗市民」的權利。

林逸民和項南屏是一對從小移民紐西蘭的台灣夫妻。兩年前他們移居倫敦，把養了六年的狗 Hector 一起帶來。林家在倫敦訂定的房屋契約上，除了兩人的名字，還有 Hector 的名字、品種以及狗毛顏色。「這代表法律認定我們是一家人。」林逸民說，如果換養另一隻狗，還得重訂房屋契約。

Hector 擁有歐盟頒發的狗護照，裡頭有牠出生以來的所有醫療紀錄。林家不久前剛完成一趟全家旅行，Hector 幾乎通行無阻。

在英國，只要有主人導引，狗兒可享有和人類市民差不多的權利。林逸民說，英國允許狗進入大眾交通工具，許多餐廳主動準備給狗喝水的碗，越來越多餐廳歡迎人跟狗一起用餐。

「在大都市裡，人是很寂寞的。」項南屏認為，面對少子化與單身人口增加，寵物是現代人重要的精神伴侶；公共設施對寵物友善，等於提升市民生活的品質。

嚴格規範狗主人，不讓自由變隨便

自由和紀律是一體兩面。英國一方面給狗自由，一方面又對養狗有極嚴格、詳細的規定。

進入英國公園，映入眼簾的是各種與狗有關的標誌，寫明哪裡允許狗進入、哪裡不允許把狗鍊放開；狗狗如果「方便」，主人得把狗屎丟到專用的垃圾桶，某些公園甚至設有狗廁所。

一九九一年英國立法通過「危險犬法案」，禁止銷售、飼養、繁殖四種惡犬。二〇一〇年兩位大臣要求在法案加註每隻狗都得加保「第三責任險」——一旦咬傷別人，保險可負擔醫藥費和訴訟費。

「如果狗主人教育良好，狗的行為也會合宜。」項南萍說，紐西蘭、英國都強調「狗教育」。在紐西蘭養狗要繳「狗稅」，但主人可以上課來抵銷部分狗稅；英國則是從小就灌輸兒童「如何與動物相處」的平等教育。

英國街上幾乎見不到流浪貓、狗。因為有責任感的主人不會因為一時興起養寵物，也不會隨意拋棄貓狗。假日公園裡「狗滿為患」，但草地上還是乾乾淨淨。

一個國家是否富而好禮，從「好狗民」身上就可以知道。

巴特西會等到流浪貓咪的身心都恢復健康後，再為牠安排適合的新家。

每一隻進來巴特西的流浪狗都會編號、取名並登錄電腦資料。至少留置7天以供原飼主來認領，一旦超過7天，就會為牠尋覓新家。

10 CHAPTER

城市防災學

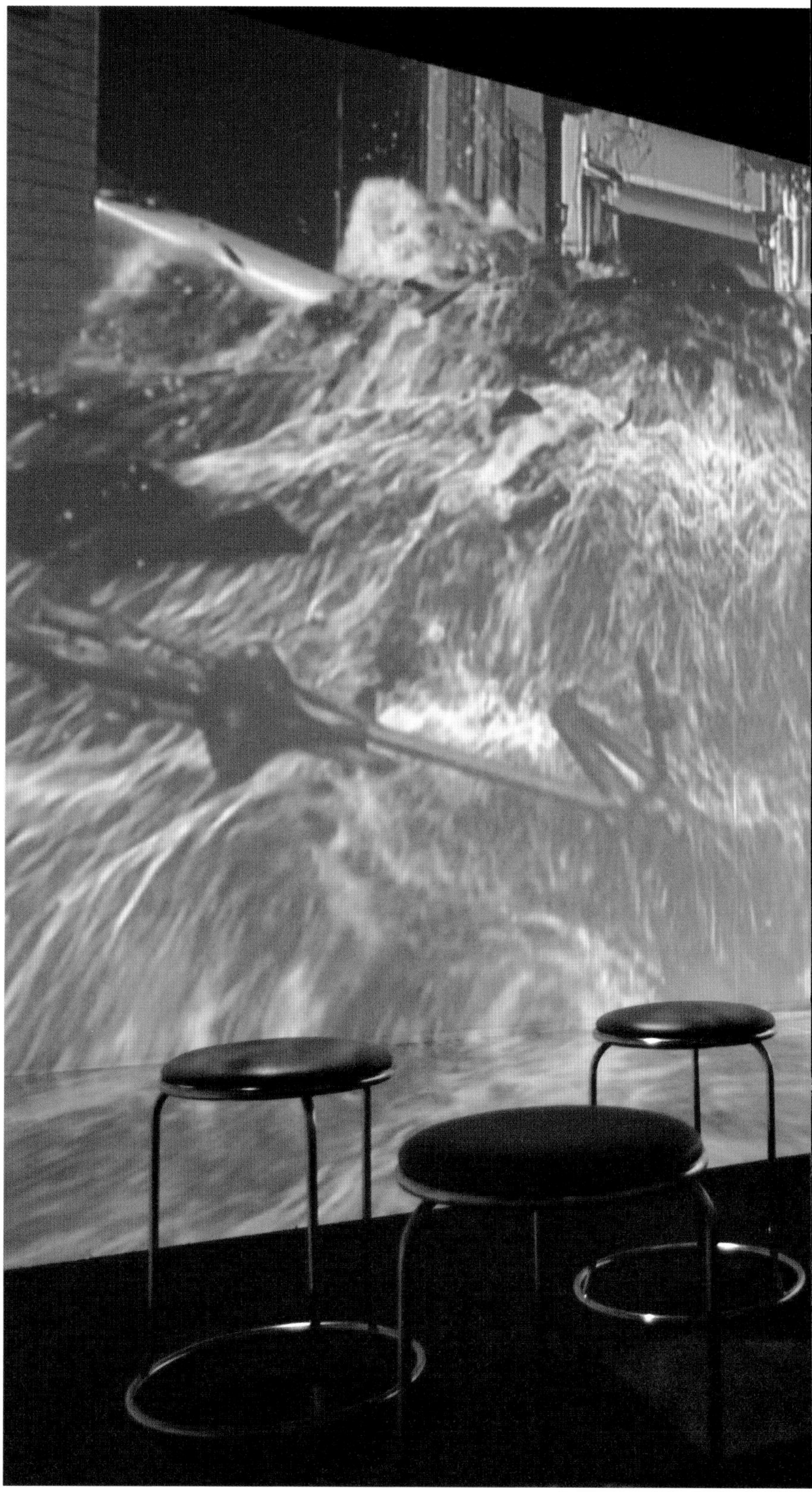

日本

鄭朝陽／文字
潘俊宏／攝影

防災，從小做起——東京小學的防災訓練

「嗚、嗚……」上午九時，地震警報聲響起，東京品川區第三日野小學的全校師生沒有遲疑，立即進入「備戰」狀態。原本專心聽課的小學生轉身拿起椅背上的椅墊，一邊躲進課桌底下，一邊打開椅墊套在頭上，防遭搖晃的異物掉落擊傷。

防災演習，小學生入學的第一堂課

「新生入學都要準備一頂防災帽。」第三日野小學副校長宮崎朋子說，小學階段都要有防災帽，有人買現成的，有的是媽媽親手縫的，平時作椅墊、靠墊用，地震時用來保護頭部。

一分鐘後，火災警報跟著響起，小學生在老師帶領下，用手帕摀住嘴，魚貫地走下樓梯，前往一樓的體育館內集合避難，並由級任導師清點人數。數百人的集合過程只聽見腳步聲，沒有喧嘩和推擠的雜沓。

「不語、不跑、不推是避難的三不原則，大家要牢記在心，嚴格遵守。」宮崎朋子手持大聲公，向孩子們重申避難守則，她並拿日前一列火車在北海道的隧道內起火為例，當場做了機會教育。

東京小學生的防災演習十分逼真，小學生確實遵守「不語、不跑、不推」口訣。

躲在桌下，避免地震時被異物砸傷。

聽到警報聲，小學生動作俐落地拿起椅背上的防災帽戴上。

避難三不原則——不語、不跑、不推

「火車在什麼都看不到的隧道裡燒得焦黑，卻沒有人受傷或死亡，那些乘客能夠安全逃生，就是之前受了像今天的訓練。」宮崎朋子希望小朋友學會保護自己的生命，長大之後有能力保護別人。

她說，喧嘩、跑步容易引起慌亂，推擠更容易發生意外，恪遵三不原則，心情自然會平靜下來，災難時處變不驚，不給別人添麻煩，有助救災效率。

在東京的小學，像這樣的演習每個月都會舉辦一次，「我們不求演習逼真，而是告訴孩子們，每次演習都要當成真的災難來了。」校長山口敏彥說，學校是民眾第一個避難所，養成孩子的防災意識也從學校開始，因此防災演習輕忽不得，「開學典禮第一件事就是防震演習。」他說。

三一一大地震，小學生比大人還鎮定

災難在二〇一一年三月十一日下午兩點多真實上演。

第三日野小學六年級應屆畢業生正在大禮堂彩排畢業典禮，劇烈的搖晃迫使彩排中止，山口敏彥在台上用麥克風安撫學生，「大家離開窗戶就地蹲下，老師回教室確認安全。」

此時幾位觀禮的媽媽被突如其來的大地震嚇得驚聲尖叫，久久仍驚魂未定，台下的師生卻一片鎮靜，形成強烈對比。

唯一台灣籍的畢業生顧有立，也經歷了這場世紀大震，大地震打斷了

小學一年級新生認真參與防災演習、表現冷靜。

小學生避難井然有序，老師也不忘戴上頭盔。

畢典彩排，也帶來海嘯、核電廠爆炸等重大災害。東京雖然從混亂中逐漸恢復秩序，但核電廠事故越演越烈，外國人紛紛撤離，顧有立也隨父母暫時撤回台北，來不及領畢業證書。

「一定要活著再相見喔！」學校級任老師特地到機場為顧有立送行，臨別依依不捨，彼此加油打氣。顧有立回台北寄讀信義國小，現身說法經歷大地震的心情，並分享日本的防災教育，鎮定、不慌亂是第三日野小學教他的事，防災教育也因此深入日本家庭。

小學就是附近居民的避難所

除了一再地演練，日本人對防災有周全的準備。像第三日野小學就是附近居民的避難所，「這裡可以收容六百四十六位災民，倉庫裡有毛毯、沖水就能吃的米飯等乾糧，連不同年齡的嬰兒奶瓶都準備好了。」宮崎朋子拿出防災用品清單說，區公所每年會在學校辦一次防災演習，並定期更換這些物資，「快過期的速食米飯就發給孩子們帶回家吃，順便向家長解釋如何使用。」

從百元商店、賣場到百貨公司，都賣防災用品，若懶得選購，一應俱全的逃生包解決你的煩惱，幾乎家家戶戶的玄關都有這一「包」，只要隨手拎著就能出門逃難。

日本防災準備周全，東京街頭到處可見避難地圖。

大阪的海嘯防災館也展示逃生包應該準備的生活用品。

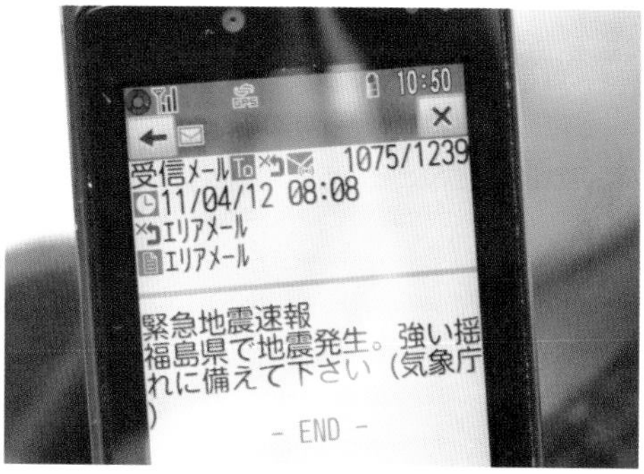

日本氣象廳提供地震速報服務，手機能即時收到震度簡訊，即時避難。

完善的里鄰互助系統

走在東京街頭，處處可見避難指示地圖，用英文、日文、韓文及中文告訴民眾最近的避難場所。社區裡有大小不一的防災公園，通常公園最外層會種樹當防火牆，隔絕大地震釀成的火災，地下的蓄水槽可以供應上百人飲用水，連接自動幫浦的深水井也能打水供災民盥洗，放在倉庫裡的隔板，搭起來就是簡易的廁所，萬一停電，則有風力及太陽能路燈照亮黑夜。

第三日野小學所在的品川區，每天下午五時左右，町長（里長）會用廣播播放童謠或輕柔的音樂，平時有報時的功能，提醒還在公園玩耍的小朋友「快天黑了，趕快回家！」宮崎朋子說，遇有火災或地震，社區廣播也能動員社區組織挨家挨戶敲門，指揮居民避難。

萬全準備、充分演練，防災意識深入日常生活

即使遭遇史上最大的地震，日本三一一大地震中仍有六十萬人在第一時間成功避難，台大土木系教授陳亮全認為，平時扎實的訓練和周全的準備、機動性強的里鄰互助系統，以及毫不鬆懈的防災意識，是日本人能和天災和平共處的主因。

日本公共電視NHK依法扮演災難資訊的傳播者，協助民眾避難。

災難中的媒體角色 日本公共電視台NHK

日本三一一大地震發生後，全球目光無不鎖定NHK頻道，四十米高的海嘯席捲日本東北的畫面，透過NHK即時傳送，震懾人心。對NHK來說，身為媒體，既要盡責地即時傳達正確的災害資訊，還要扮演安定人心、減少恐慌的角色，靠的是一套專業制度和訓練。

「那些海嘯襲來的即時畫面，是NHK直升機和遍布各地港口的固定式攝影機拍到的。」NHK新聞部災害資訊中心執行長松本敦指出，身為國家的公共電視台，依據「災害對策基本法」，NHK承擔讓民眾掌握災情的責任，藉此確保民眾防災避難。因此，在全國十二個主要城市配備十四架直升機，隨時展開空中拍攝的採訪任務，各港口共架設四百六十台遙控攝影機，透過網路即時掌握海潮變化。

緊急地震速報系統，爭取避難時間

此外，NHK也擁有地震測報能力，在全國七十三個地方設置地震儀，結合日本氣象廳的測報系統，以便盡可能預先掌握地震波，爭取逃生時間。日本從二〇〇七年起推出緊急地震速報系統，當遠方地震發生時，地震站先偵測到快速傳遞的P波，透過氣象廳對外發出警訊，在傳遞較慢的主要震

NHK新聞部災害資訊中心執行長松本敦（右）與資深記者入江（左）每年負責記者與主播的演訓。

波S波來臨之前，民眾就有二十秒到一分鐘的避難時間。

有了緊急地震速報，行駛中的新幹線、電車能立即暫停，電梯也可以暫停運轉。除了直接向氣象廳登錄之外，ＮＨＫ也對收視（聽）戶和登錄的手機用戶提供這項服務。

「地震超過芮氏規模六的地震（Ｐ）波，手機、收音機的警報聲會響個不停，電視台也會主動切換畫面，通知即將到來或已發生的地震。」松本敦說，這次三一一大地震，正當國會質詢進行到一半，ＮＨＫ四個電視、三個廣播頻道立即切換畫面和聲音，插播地震訊息，主持人也中斷節目，開始提醒民眾注意海嘯，並往高處避難，「五十分鐘後，大海嘯就來了。」

專業冷靜協助救災，不以煽色腥拚收視

一九八五年起，ＮＨＫ就肩負這項災害通報任務，至今共發出二十一次重大警報。ＮＨＫ平時也結合專家學者，製播各種防災節目，提高民眾防災意識，其中包括面對地震、火災、海嘯時，老人和殘疾人士該如何避難，落實「多一分準備，少一分損失」。

松本敦表示，為了播報災害新聞，災害中心有七人編制的資深記者群，負責和政府溝通、研修災害緊急報導的各項細節，每年訓練主播群如何正確、客觀、冷靜地傳播災情訊息，「種種努力都在確保媒體成為防救災的助力，而不是用驚悚煽情的畫面和故事拚收視率。」

NHK 記者採訪災難新聞守則

—別踩在斷壁殘瓦上，雖然一切殘破，但那仍是災民的家
—轉播車別停在救護車的出入通道上
—吃便當時勿喧嘩，要注意災民的感受
—控制聊天笑聲的音量，以免觸動災民悲傷的情緒
—在災區開車勿按喇叭
—災區路況有明顯改變，小心別迷路、別出車禍
—自我健康管理，別成為災民的負擔
—走路中央，別靠建築物，易有崩落物

資料來源／NHK 災害中心

不同於商業頻道，NHK不收廣告，也沒有收視率壓力，靠的是每月一三四五至二二九〇日圓的收視費，「去年六千五百多億日圓的收入，九成來自收視費。」松本敦強調，正因如此，NHK保有獨立自主性，也受全民付託，必須以公共安全為首要任務，回報收視戶。

播報災難，考慮災民心情

歷經一九九五年阪神大地震等多次重大災難，NHK建立採訪與播報的教戰守則，參與災難報導的記者和主播群，每年都必須接受演訓，從臉部表情到播報災情的口條，「每個細節都要考慮災民的心情。」

NHK新聞部災害中心資深記者入江在福島核電廠災變後，到災區蹲點一個月，她表示，災區不是只有悲慘的故事，也有努力站起來激勵人心的點滴。身為媒體人，只有追求真相、做到平衡報導，灑狗血、搏版面只會加深全民的心理創傷。因此，遇到災難報導，通常是編輯室集體決策，不會放任單一記者在現場為所欲為。

三一一大地震發生時，一般人常用的手機反而派不上用場，家用電話才能協助救災。

三一一地震教我們的事

三一一大地震重創日本，雖然平時的防災演練奏效，日本人震後的冷靜、自律也令人刮目相看，但地震還是震出許多問題，值得台灣借鏡。

網路、家用電話協助聯絡尋人

震後報平安、掌握倖存者名單、運送救災物資，都得靠電話聯絡，但大地震讓多數行動電話基地台故障，通話需求卻激增，電信業者只好限制通話量，相當不便，所幸網路功能大致正常。

資深媒體人山田賢一說，二〇〇五年美國卡崔納風災期間，Google開發「尋人（person finder）」平台，讓網民上網登錄姓名通報生死，海地、智利、紐西蘭大地震也都派上用場，這次日本東北大地震之後兩個小時，尋人平台立即上線，一周內讓五十萬名災區民眾和外界恢復連繫。

山田賢一表示，手機高度普及，東京首都圈家戶的家用電話逐年減少，許多獨居年輕人只有手機，沒裝家用電話；相反地，高齡者只有家用電話，不見得有手機。遇上大地震，反而是靠家用電話能盡快和外界恢復聯絡，但最好別用無線電話，以免因停電而無用武之地。

東京在三一一大地震之後嚴格實施節電措施。

因應限電，改變日常作息

地震造成災區必須分區輪流限電，對醫療品質是嚴酷考驗。多摩大學統合危機經營研究所教授真野俊樹說，估計災區約有一萬兩千人需要洗腎，洗腎很耗電和水，患者一周要到醫院三次，醫院卻因沒電可用而跳腳，這是未來必須改善的課題。

消費生活專家和田由貴建議，因應限電，生活作息必須跟著改變，例如得在深夜煮飯、洗衣，家裡應準備可充電的LED照明。為了防止家裡冰箱的生鮮食品壞掉，平時應用寶特瓶裝水冷凍，停電時可作保冷劑。

準備飲水食物，分量足，吃得慣

甲南女子大學名譽教授奧田和子告誡民眾，「千萬不要倚賴政府，也千萬記得救援物資至少要一周後才會到達災區。」這次大地震果然應驗，因此平時最少要儲存一周左右的水和食物。不過，一般人都是準備罐頭食物，奧田認為不盡然，應該準備自己「平時吃得慣」的食物，每人每天用水量以三公升為原則。

三一一當天，東京有九萬四千個通勤族回不了家，只好就近在一千零三十個避難所過夜。日本紅十字會東京都支部企畫課長稻田雅彥說，在辦公室擺一雙運動鞋、中短距離的通勤者改騎單車上班，都是可以考慮的選項。

事實上，早在二〇〇六年東京都就統計，若發生芮氏規模七・三的地震，東京會有一千一百四十四萬人因交通癱瘓無法使用交通工具，其中約四百四十八萬人回不了家，也會出現食物短缺問題。因此，應號召更多商店加入災害時提供飲水、洗手間借用行列，目前東京這樣的商店約有兩萬家。

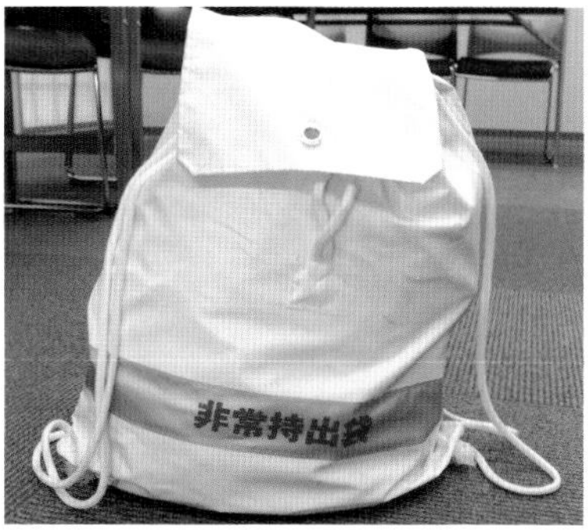

愛心要用對地方，不為災區添麻煩

很多人看了災難報導，總會想為災區做點事。但東京志工市民活動中心的八木亞紀子說，沒經驗的志工進入災區反而會為災區添麻煩，「不貿然進入災區也是志工精神」，即使還是想當志工，也應衡量什麼時候是最需要的時期，但「吃、住、交通都要自己搞定，避難所是給災民住的，不適合給志工長期居住」。

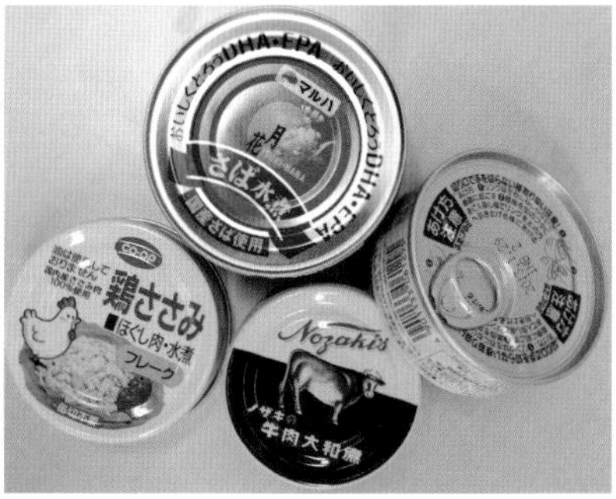

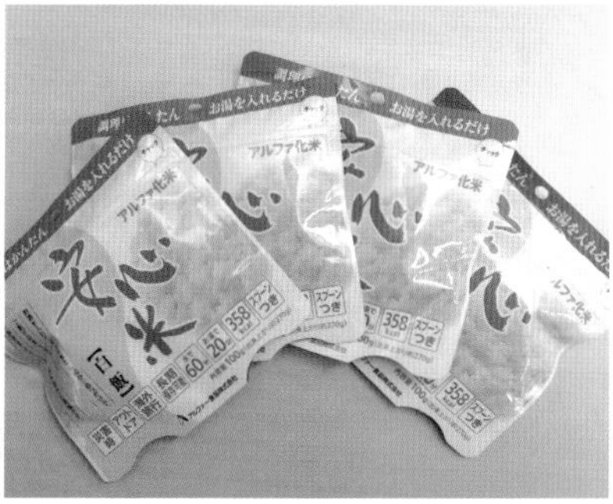

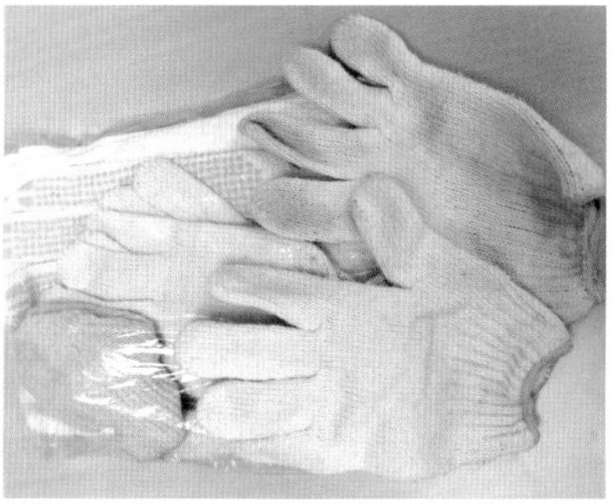

日本家裡幾乎都有這包逃生包，裡面的生活用品從剪刀、衛生棉、罐頭食物、冷水沖泡可食的米到工作手套一應俱全。

CHAPTER 11

和都市重修「舊好」

日本

鄭朝陽／文字
潘俊宏／攝影

舊城中的新亮點 都市更新讓東京改頭換面

從JR東京站出口走出來，工地圍籬把整座東京車站團團圍住，鷹架更把車站站體包得密不通風，只露出車站古典造型的圓形屋頂。圍籬上貼著東京車站整修的公告，行路匆匆的過客很難看出這座近百年的老車站，其實是周邊三百多公頃都市更新計畫的火車頭。

從文化根源，尋找再起的力量

一九一四年，建築師辰野金吾打造了三層樓高的東京車站，然而在一九四五年二次大戰期間遭美軍轟炸，頂樓燒毀，被稱為「辰野式文藝復興」風格的圓頂特色也跟著消失，兩層樓高、臨時搶修的八角形屋頂的樣貌維持至今。

「我們嘗試從自己的文化根源尋找向上再起的力量。」東京大學副校長西村幸夫站在丸之內大樓的落地窗前，指著眼前的東京車站這麼說。當政府劃定車站附近「大手町」、「丸之內」和「有樂町」的「大丸有區」作為都市再生的更新區之後，這裡眾多的地主就在大地主「三菱地所」株式會社的帶領下，一起思考地區再生的定位。

東京車站是進出東京的主要門戶，車站到皇居一帶的丸之內地區集合

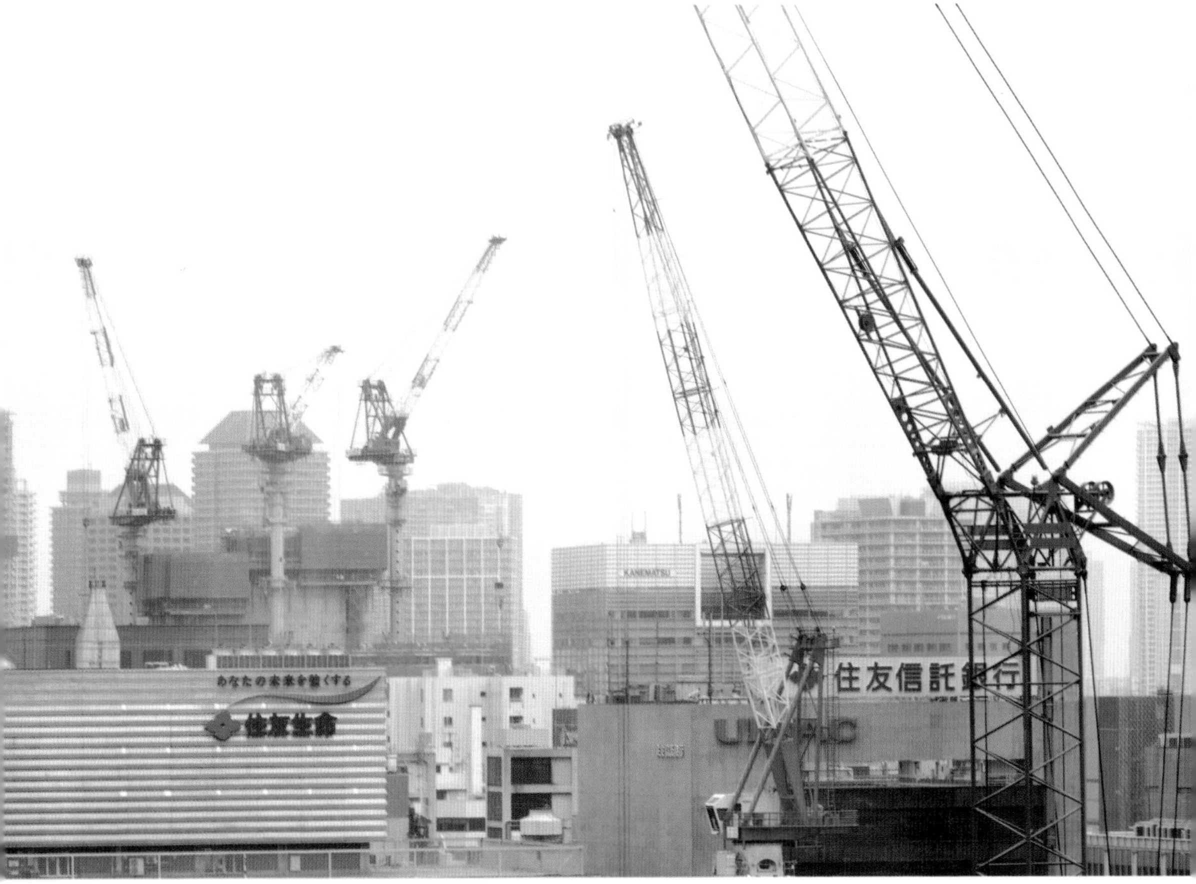

東京正積極進行都市更新，展開都市機能再造的「都市再生」工程。

西村幸夫認為新舊融合的都市更有魅力。

合場直人覺得能說故事的城市才精采。

了日本知名的企業總部，整個「大丸有區」曾是帶動日本發展的商務心臟地帶，但隨著東京往外擴張，這裡已顯老態，機能也明顯退化。

打造能說故事的城市，不刻板複製商業大樓

「一開始想把這裡變成東京的曼哈頓，但意義是什麼？」三菱地所常務董事合場直人回憶，當年和地主、專家學者討論時，一直以國際商業中心自我定位，拆舊建築、蓋超高樓成為必然。

但另一種聲音質疑：汰舊換新的景觀對城市的價值是什麼？這迫使大家腦力激盪，找出答案：能說故事的城市才精采，地區的價值在於人們對城市歷史的記憶。

於是，大家把焦點回到東京車站，恢復車站在明治時期創建時原有的三層樓高度、重建紅磚瓦和圓形屋頂舊觀的提案，獲得東京都政府、車站所屬的JR東日本公司的高度支持。保存日本珍貴的歷史，成了大丸有區都更的最高指導原則；以東京車站為起點，打造有文化內涵的「歷史街道」概念，成了大丸有區的更新主軸。

「都市更新不等於汰舊換新，迎舊立新、新舊融合的都市更有魅力。」西村幸夫說，將來全區三百多公頃的都市再生故事，就從東京車站說起，而陸續完工啟用的新大樓，都能看到保存歷史記憶的用心。

東京車站正在復建成明治時期創建時的舊觀，作為周遭地區都更的火車頭。

東京丸之內地區的建築保留31公尺腰線，建築新舊融合，保留歷史記憶。

丸之內的三菱一號館原本已因老舊遭拆除，三菱地所原汁原味把它蓋回來，回復當年舊觀。

三十一公尺高度腰線融合新舊

早期從明治到大正時期，毗鄰皇居的丸之內的建築一直限高三十一公尺，對天皇以示「尊重」。現在都更起高樓，已大幅放寬到一百五十到兩百公尺，但這條三十一公尺高的「腰線」仍被保留。

「腰線是區分建築新舊的隱形標記，超過它的樓層必須退縮。」西村幸夫說，用這條腰線作為歷史的刻痕，人們看到現代化的大樓，還能追想東京的過往。

對應每一棟建築，新舊融合有不同的手法和趣味。例如最早完工的丸之內大樓，七樓以下是商店區，外觀的造型繼承大正時期原始的建築語彙。一九三四年建造的「日本工業俱樂部」曾是日本邁入工業化和工商界交流的據點，極具紀念意義；都更後的俱樂部新會館大樓，保存舊建築的主要原貌，新長出來的三十層玻璃帷幕摩天樓，則往後退縮。當然，新舊之間以三十一公尺的腰線作為分水嶺。

原汁原味，還原百年古建築

更絕的是一八九四年興建的「三菱一號館」，這是三菱地所進駐丸之內所蓋的第一棟大樓，雖然有歐式古典風格的外型，只因老舊，已在一九六八年被拆除。

「我們依照舊觀，原汁原味把它蓋回來了。」合場直人說，舊的一號館成了美術館和咖啡廳，隔著一座綠意盎然、公眾可自由進出的中庭花園，和三十四層樓高的新三菱一號館相互輝映，訴說著丸之內的古往今來。

「這些都是民間提案主導，政府立法配合。」一合場直人說，都更的成敗在於地主必須先找出發展方向，投入資源，掌握主導權，政府是從旁協助的夥伴，主要工作是立法、訂制度、監督地區再生計畫的方向，就能事半功倍。

容積移轉，活化丸之內

例如東京都政府為大丸有區訂定景觀條例，支持建築新舊融合的發展方向，也推出靈活的都市計畫手段，透過「容積移轉」，把東京車站整塊基地沒用完的容積出售，移轉到六棟新的私有建築上，不僅解決地主發展的需求，也籌措車站站體復舊所需的巨額經費，創造雙贏。

公私部門歷經二十三年的努力，假日與夜晚形同冰冷死城的丸之內，已蛻變為全方位吸引遊客、每天有十三萬人在此工作、生活的休閒娛樂中心。丸之內再生，只是新東京的起步。

東京大丸有區都更密碼

- 多元化的土地使用：打破過去辦公區的單一用途，引進更多零售、餐飲業及文化設施。
- 保留歷史特色：整體都更區的建築景觀呈現古典與現代、新舊融合的趣味。
- 打造人性化街道：留設寬敞人行道，拉高全區地面及屋頂的綠化比例，高層建築須退縮，減少壓迫感。
- 綠建築：全區建築均採省水、省電的環保綠建築規畫設計，並回收生活廢水再利用。
- 全區鋪設光纖網路系統
- 全區規畫冷暖房系統

資料來源／三菱地所株式會社

日本都市再生之路

⊙ 都更難題

1. 推動耗時，光審議往往一拖數年
2. 相關法令僵化，限制創意發展
3. 道路公園等基礎建設牛步化

⊙ 解決做法

1. 指定都市再生地區，各自定位發展角色，民間主導、政府支持
2. 縮短都更審議期程，送件後半年內確認
3. 修立法規，提供都更優惠
4. 民間可興建基礎設施，完工後政府買單

⊙ 成效

1. 創造六本木之丘、汐留、丸之內等知名地區再生個案
2. 都市機能升級，更宜人居
3. 活絡商圈，帶動新商機
4. 都市變好看

東京正透過都市更新改造體質，提升國際競爭力。

日本的都市更新強調由民間發動，政府主導大方向，並從旁監督。

政府主導都更才是都市再生新契機

過去十年來，東京的「都市變臉」話題不斷，六本木之丘、表參道之丘、丸之內、汐留、品川東口、東京中城……，不斷出現的特色城鎮成了舊城的新亮點，頻頻引起國際的重視，更是哈日族的朝聖之地。

「一九六四年東京舉辦奧運之後，再也沒有如此大規模的開發案。」財團法人都市更新研究發展基金會執行長丁致成表示，這些開發案除了讓都市更精采，也肩負救經濟的任務，「它們全是日本政府都市更新政策下的產物。」

泡沫經濟衝擊，舊市區逐漸沒落

丁致成說，二〇〇〇年之前的十幾年期間，日本受到泡沫經濟的衝擊，東京和其他日本主要城市的房地產價格一路崩跌超過五成，金融機構也因此背負近百兆日圓的巨額呆帳，整個金融體系幾近崩解。

泡沫經濟表面上看來只是經濟問題，其實和都市發展及不動產市場密不可分。丁致成說，泡沫經濟期間因信用過度擴張，都市發展與不動產投資大量朝郊區、次級都市擴張，很多開發建設並非真有需要，只是建立在虛無的遠景之上。相較之下，舊市區的再發展就被忽略了。

都市再生政策讓東京改頭換面，也改變了城市天際線。

首相領導，打造東京為亞洲中心

二〇〇一年小泉純一郎首相組閣，宣布推動「都市再生政策」，藉此活化都市地區，帶動投資與經濟復甦。他設立「都市再生本部」，自己擔任本部的部長，所有內閣閣員都是當然委員，展現推動都更決心。

「活化都市地區是日本二十一世紀活力的泉源。」小泉的都市再生政策開宗明義這麼說，因為都更可以改善都市體質，打造更安全、環保、宜人的都市，提高都市吸引力和國際競爭力，也能增加土地資產的流動性，進而改善銀行壞帳問題。

小泉先後指定六十四處都市更新區，東京則在這場都更浪潮中首當其衝，都更面積占了近四成。

「都市更新正全面推展，東京是推動『都市再生』的火車頭。」東京大學副校長西村幸夫點出東京扮演的角色。它雄心勃勃，試圖要透過都市再生，從日本的中心變成亞洲的中心，再蛻變為世界的中心。而數字也證實，都市再生政策啟動後一年，日本逐漸走出蕭條谷底，一路向上翻揚，成為二次大戰後景氣回升最長的時期。

「無臉城市」改頭換面

日本建築大師安藤忠雄曾經形容，東京在二次世界大戰之後快速發展，一切以經濟效率掛帥，是個沒有任何歷史紀錄的「無臉城市」。現在，東京人可以驕傲地說，東京正在變臉，而且越變越精采。

「反觀台灣，都更起步落後日本三十年。」都市更新研究發展基金會董事長張隆盛說，日本首相當推手，親自操盤都更政策，證明態度是「玩真的」。更不用說快速指定大規模都更區，揭示都市再生的價值、建立機制整合公私部門共識、排除各項都更障礙，專業力與執行力都值得台灣學習。

前營建署長林益厚也觀察，不論日本、英國或美國的都市更新，幾乎都由政府主導，抓住整體都市發展方向，著重都市機能再造，朝大面積整體規畫、分期分區開發，展現的大格局與更新魄力，的確是都市蛻變、「再生」的契機，從丸之內、六本木等個案都可證明。

不過，台灣十餘年來都更成果，卻與日本等國家大相逕庭。

零散老屋翻新，台北缺乏整體規畫

林益厚拿出統計數字說，全國都更績效以台北市居首，但北市自二〇〇二年至二〇一〇年底核定實施都更的案件只有九十六件，平均每年不超過二十件，這九十六件都更案總面積約三十公頃，每件個案面積都很小，其中面積在三百坪到一千坪之間的有五十六案，占核定案件的百分之五十八。

「這些都更小案都只是老房子翻新，並不涉及都市機能再造，毫無公共利益可言。」林益厚說，如果連都更第一名的台北市都放棄「都市再生」的「變臉」契機，就不必談台灣都市的國際競爭力了。

城市新美學——人性、低碳、多元的丸之內

丸之內好比一面鏡子，映照出新東京、乃至新日本的未來面貌。它標舉城市新美學，除了建築重視創意設計，整體都市空間也朝更人性、更低碳、機能更多元、更融合日本文化意涵等方向邁進，強化的都市機能讓人才願意住進來，城市競爭力也自然在國際間脫穎而出。

「都市再生不只換來煥然一新的建築景觀，還要為城市住民換來更宜人的生活品質。」東京大學副校長西村幸夫為都市更新的意義下了註解。

有天空與綠意的居住和工作空間

走在丸之內的街頭，八公尺的寬敞人行道是開發商「三菱地所」犧牲辦公大樓的空間而加寬的，行人可以恣意徜徉，不再摩肩擦踵。抬頭仰望，沒有一般高樓群的壓迫感，在三十一公尺「腰線」的把關下，高出腰線的樓層得退縮建築，讓人和天空距離更近。

盛夏的人行道路燈，會自動噴下細細的水霧，為人們驅趕酷熱。全區「立體綠化」，從地面空間到屋頂平台都遍布綠意，創造無所不在的休憩空間之外，也實踐節能減碳。

過去丸之內地區的大樓使用相當單一化，九成三的樓地板面積作辦公

綠意盎然的人性化空間是丸之內都更後的新樣貌。

東京丸之內全區採立體綠化，拉高街道和屋頂綠化比例。

八公尺的寬敞人行道讓行人可以恣意徜徉，不再摩肩擦踵。

丸之內不再是單調的辦公區，假日也吸引消費及遊憩人潮。

三菱地所株式會社是大丸有地區都更領頭羊，創建減碳實驗室提倡節能技術，永續經營該區。

室使用，只有百分之七是零售或餐飲業。都更之後打破嚴格的分區，餐飲零售業的面積大幅增加二到三倍，並引進各種文化設施，複合式的機能不僅讓丸之內兼具工作、休閒、娛樂功能，而且越夜越美麗。

建商永續經營，社區充滿活力

身為在地最大地主和領頭羊的開發商，百年企業「三菱地所」也以該區永續經營管理者自居。它每天提供該區免費觀光巴士，發行商圈社區報凝聚向心力，甚至在區內幾個據點開辦「晨間社區大學（朝 EXPO）」，邀請名人對環境、健康、樂活等議題開講，讓上班族利用上班前的時間，邊吃早餐邊聽演講，真實體會「早起的鳥兒有蟲吃」。

「好的創意和點子不可能在辦公室產生。」三菱地所常務董事合場直人說，過去三菱地所一直是房東，把辦公室租出去就好，新時代的辦公環境不能一成不變，應該讓人與人有更多交流的機會，才可能有好的創意，所以「現在要提供好的環境，不只是辦公室而已。」

有鑑於此，三菱地所也在新丸之內大樓成立「減碳實驗室」，這裡展示都更過程中產生的建築廢棄物都設法回收利用，有的做成實用的桌子和漂亮的椅子，展現都更與環境共生的努力。

與環境共生，都市更新最終目標

這裡也透過周邊大樓設置監測點，取得即時溫度、雨量和風速等數據，再由三菱研發節能減碳技術，無私分享給商圈大樓。這裡也提供許多會議空間，讓相關社團和機構討論「大丸有地區」的環境發展，形同該區的環境教育中心。

「未來的都市是讓生活、工作、購物、休閒娛樂、學習、文化……，都複合存在一個永續型的開發案裡。」建築界的諾貝爾獎「普立茲克獎」得主、英國建築師理察・羅傑斯一再預言理想中的未來城市風貌，東京正由點、線、面，一步一腳印地努力實踐中。

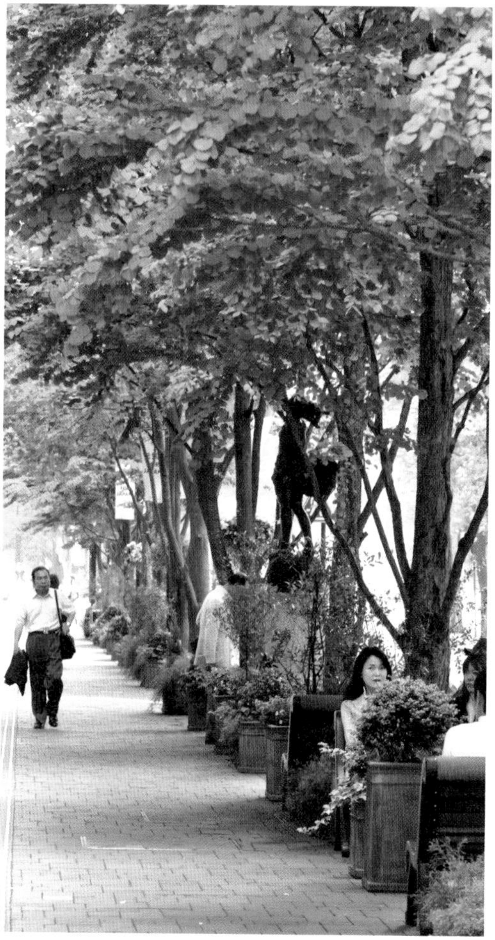

環境共生是大丸有地區都更的主軸。

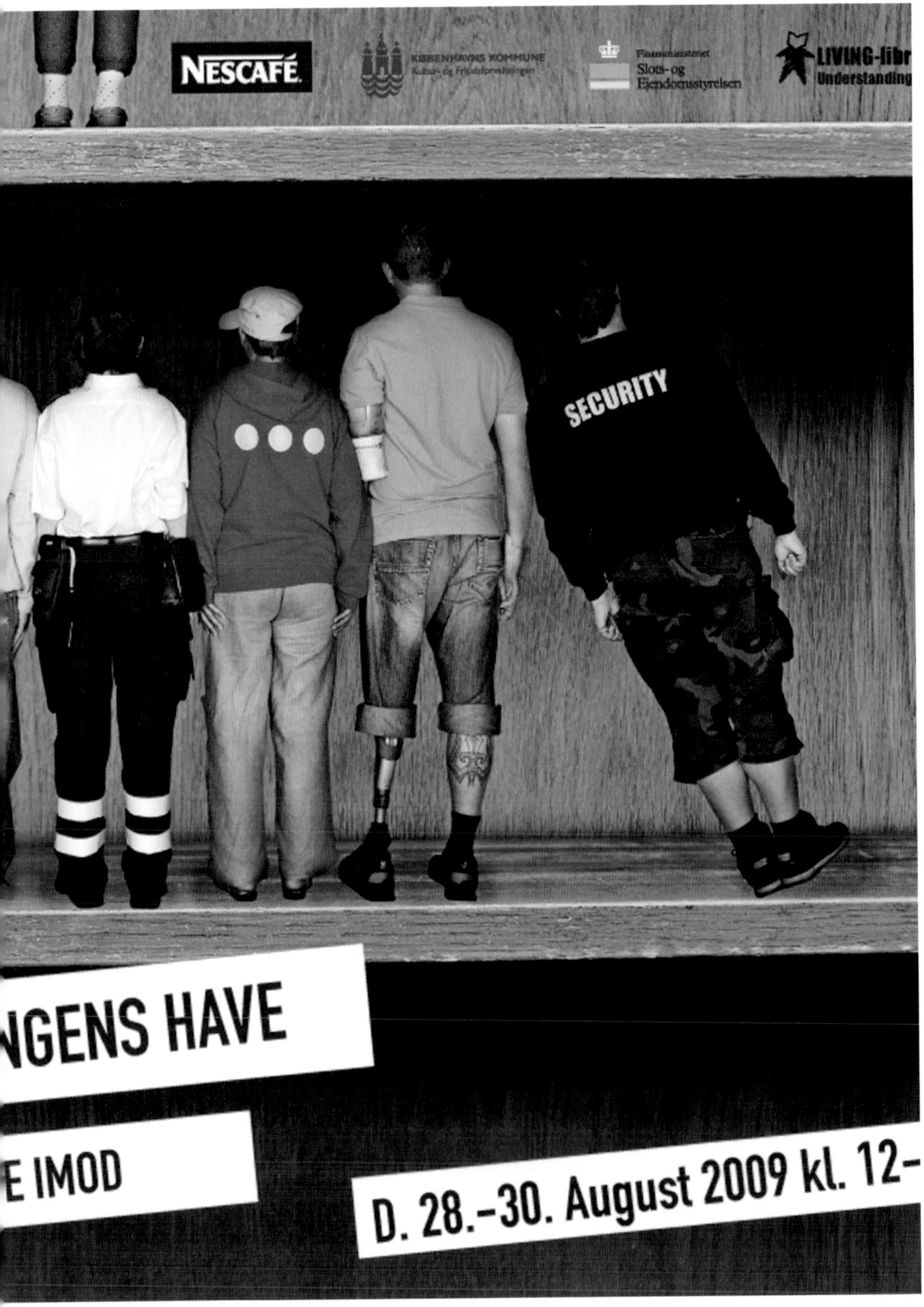
NESCAFÉ
KØBENHAVNS KOMMUNE
Kultur- og Fritidsforvaltningen
Finansministeriet
Slots- og
Ejendomsstyrelsen
LIVING-libr
Understanding
SECURITY
NGENS HAVE
E IMOD
D. 28.–30. August 2009 kl. 12–

CHAPTER 2

出借偏見的真人圖書館

MENNESKEBIBLIOTEKET I K
LÅN ET MENNESKE DU HAR FORDOM

瑞典

梁玉芳／文字
陳柏亨／攝影

讀萬卷書 不如「借」一個真人來問問

「你對人好奇嗎？來借本真人書（living book）吧！」「你想認識我們嗎？請借閱我們。」在瑞典馬爾摩市立圖書館摩登的大廳，立著大型看板如此對讀者提出邀請。

歡迎讀者閱覽的，不是「只能看、不會說」的沉默書籍，而是會走動、會回話的真實人類。

面對面解答你的疑問和偏見

這裡的「真人書單」豐富，包括：伊斯蘭教長、脫衣舞孃、厭食症患者、跨性別扮裝者、愛滋帶原者，或是靠翻撿垃圾過活的「垃圾掏客（dumpster diver）」等等。他們也跟圖書館裡的其他書籍一樣，建有「圖書目錄」，大部分都是承受社會污名、引人好奇的人口類別。

「每個人就是一本書。」圖書館員瑪格麗塔說。這是圖書館近年提供的「出借偏見」服務，因為「面對面溝通，就是消除偏見與歧視的開始」。

與愛滋帶原者對談，化解無知的恐懼

例如，愛滋帶原者尤金．永森最常面對借閱者的直接提問是：「如果

瑞典馬爾摩市立圖書館舉辦「出借偏見」活動，借你一個真人，陪你談談偏見。

辦好借書手續，可以在圖書館裡，讀者與書坐下暢談30到45分鐘。

瑞典馬爾摩市立圖書館，很受民眾歡迎。

跟你同桌吃飯，我會被傳染嗎？」在歌劇院工作的服裝設計師永森一次次解釋：「不會，愛滋病毒是經由血液和體液傳染的。」打了唇環的他，和同事一樣擁抱吻頰問安。「我感謝提出問題的人；問了，誤會就化解了。」曾經有位婦人擁抱永森，感謝讓她「知道如何和感染愛滋的朋友相處」。

瑪格麗塔說，當你和真人書面對面坐下，問出所有平日看不慣、不易啟齒的問題，聆聽答案，理解對方的獨特及想法，你也就閱讀了一個人的人生。最好的結果是，在閱讀之後，有一部分的你因此改變，這世界的偏見與歧視濃度也跟著稀釋。

這樣深具創意的「出借偏見」計畫，是由丹麥哥本哈根跨海而來。「真人圖書館（the Human Library）」組織總部位於哥本哈根，是由丹麥人羅尼・艾柏格與四個朋友創設。「一切始於一樁暴力攻擊。」三十八歲的艾柏格說。

一場暴力攻擊帶來的反思

一九九三年，他們都還年輕，一位朋友因族群問題遇刺重傷，幸好活了下來。於是丹麥與摩洛哥混血的艾柏格與朋友在震驚中，開始思考種族衝突議題。後來成為記者的艾柏格發現，許多暴力起於歧視與誤解，唯有對話與理解才能促成相互包容；「真人圖書館」的概念由此萌芽，於二〇〇〇年成形。

唱作俱佳的艾柏格舉例說，許多歐洲人不喜歡穆斯林移民，「即使根

在歌劇院工作的服裝設計師永森是「真人書」義工之一，他是愛滋帶原者。

「每個人就是一本書。」圖書館員瑪格麗塔站在圖書館的「出借偏見」大型旗幟之前，說明「面對面溝通，就是消除偏見與歧視的開始」。

瑪密特是伊朗難民，曾有飽受歧視的童年，如今是房地產商。

本不認識，也能說出一大堆缺點」；但如果巷口就住了個穆斯林，你們握過手、每天道早安，還一起踢過足球，「你馬上會說，喔，這傢伙不錯。」

年輕穆斯林致力洗去移民者污名

三十一歲的瑪密特．那哈帝阿尼是成功的房地產商，他在丹麥「真人圖書館」的分類是「難民／穆斯林／前不良少年」。六歲那年和母親、姊姊由伊朗來到丹麥難民營，上學時總是穿別人捐的二手衣。他不知道他遭同學聯手霸凌、倒栽蔥塞進垃圾桶，是因為他的膚色、宗教、長得瘦小、太窮酸，還是以上皆是。

在公車上，曾有位老婦人對八歲的瑪密特說：「滾回你的國家去！」即使旁人馬上責備老婦「對小孩該客氣點」，瑪密特永遠記得這句話的殺傷力，小孩無能為力，「只能累積憤怒」。

當社會像他這樣的憤怒移民多了，就會開始結夥鬧事。直到他效法由難民當上牙醫的母親、重拾書本，以成功證明自己的正當性。他說，社會對外來移民總是質疑，如同他們對待黑人、同志，「我希望改變這世界對人的看法，所以我成為一本書。」

用理解消除歧視，世界各國競相學習

「無知造成恐懼」是艾柏格深信的原則，也是他跨國奔波、為「真人

與真人面對面溝通，比閱讀書籍更能讓人因了解而化解歧視。

圖書館」理念「打書」的動力。歐洲議會是「真人圖書館」最大經費支持者，至今曾在近三十個國家舉辦過活動、甚至設立分部或連絡處，除歐美之外，觸角也深及亞洲。他細數，澳洲是世上第一個設立永久性「真人圖書館」的國家，日本東京大學設有連絡處，連中國大陸都開始辦活動。

艾柏格解釋，「真人圖書館」是一種「方法學」，歡迎複製，完全免費。這些方法論都已製成標準流程，「一定要切實遵守」。

真人圖書館小檔案

「真人圖書館」並不是一座建築物，而是一組幽默且創新的方法，用來促進對話、增進理解，打破刻板印象，挑戰偏見，進而消除歧視與暴力。

如同真的借書程序，訪客登記後，就依主題借出「真人書」，可交談約 30 至 45 分鐘；通常「真人書」常是因宗教、性向、外表遭受歧視的一群，如穆斯林、胖子、同志、遊民；或是引人好奇的職業，如禮儀師、記者、政客。

通常會在圖書館、書展、年會、嘉年華、校慶等各種場合舉辦；版權沒有，歡迎各地複製本土的「真人圖書館」，促進人權及社會凝聚，尊重多元文化。

網址：http://humanlibrary.org/

◎讀者須知：

—須先填表登記

—圖書館員列有刻板印象清單，協助讀者釐清自己可能有的偏見

—只能在活動場地內閱讀，可以全家共讀，但不能帶出場

—沒有笨問題，但須有禮貌

—如果「書本」覺得受辱，有權終止借閱，回到藏書區

現任職於鐵路局的羅莎，看不出當年脫衣舞孃的模樣。

圖書館裡最受歡迎的真人書
脫衣舞孃——羅莎

「什麼書／人最熱門？」「真人圖書館」創辦者羅尼．艾柏格說，這是他最常被問的問題，不同的國家既會分享相同的歧視，也有各自社會的獨特偏見，所以「點閱率高的書，常反映社會常見的偏見」。

舉例來說，二〇〇〇年在丹麥舉辦第一次「真人圖書館」時，最受歡迎的「真人書」是年輕的阿拉伯穆斯林女孩；二〇〇二年，匈牙利「讀者」最好奇的則是「前右翼極端分子」。到了葡萄牙，卻是「難民」最常被借閱，英國人則是想了解「遊民」以及「前幫派分子」。

艾柏格說，借閱排行榜也跟當時的當地社會氛圍有關，比如現在正在辯論什麼、近來有什麼事件引起媒體關注，都影響借閱行為。

借閱率最高的真人「暢銷書」

羅莎．費爾曼絕對是丹麥「真人圖書館」的「暢銷書」，歷次活動中她的「借閱率」最高，因為她曾經是脫衣舞孃。

「一般人生活裡哪會認識一個真的舞孃？但我們心裡卻絕對好奇，而且存有對脫衣舞孃的價值判斷。」真人圖書館創辦人羅尼．艾柏格說。

十八歲那年，羅莎在丹麥哥本哈根看見一則求職廣告：「想要快速賺

性產業承受社會污名，紅燈區裡欲望流動；性工作者在這個標籤之下，又是怎樣的人呢？

錢，而且免稅嗎？」她心動了，於是她成了希臘塞薩洛尼基小島觀光旅館中的脫衣舞孃。

受到金錢誘惑，墮入聲色場所

從此，她晝伏夜出，晚上穿上五吋高跟鞋，裸著上身為客人的熱切眼光舞動。「我告訴爸媽，我在地中海這邊的工作是摘橘子；他們反問：是摘哪種橘子，給這麼高的工錢？」她自嘲。

羅莎說，在「真人圖書館」她最常被問的問題是來自女性：「你為何甘心淪為性玩物？」她解釋：「這與性無關，而是與錢有關。」她不在乎脫衣，卻不從事性交易，那是她給自己設的底線。

也有幾次高中女孩「借閱」時，說自己以後也要當脫衣舞孃。「千萬不要！」羅莎告訴女孩，那是充滿烈酒與毒品的環境，那些年，她雖然賺錢容易，卻沒有一天是清醒回家的；她不碰毒，卻親眼見過許多朋友沉淪，更目睹第三世界女子遭「人口販運」到希臘賣淫的慘境。

猛然覺醒，回歸正常生活

見過太多醜惡，直到二十九歲那年，有一天她清醒過來，心想：「我就要三十歲了，我在這裡幹嘛？」於是，她當下買了機票，在當了十一年脫衣舞孃之後，回到哥本哈根。她成了丹麥鐵路局的員工，與男友育有兩子，也加入「真人圖書館」成為活躍分子。

如今的羅莎不再穿著丁字褲和高跟鞋，而是套上胸前寫著「請借閱我」丹麥文的大T恤，她是打擊歧視的熱血義工；只在「真人圖書館」的宣傳海報上，她再次粉墨登場，露出全裸背影，就站在一名紅髮龐克及身穿全身黑罩袍的穆斯林婦女之間。

她開玩笑說：「全哥本哈根都看到我的屁股！」但是，若能引起大眾對「反歧視」議題的目光，就值得了。

羅莎穿著「真人圖書館」義工大T恤，丹麥文寫著「來借我」，擺個當年舞孃POSE。

大學生約翰是專在垃圾堆中尋寶過活的「垃圾掏客」。

垃圾桶裡的尋寶客——約翰

他總是選在天色漸暗的時候出動。選擇相對友善的店家，不受注意的角落，瞄準大型垃圾箱，出動！一天的食物、腳上的球鞋、身上的襯衫、包包，都能在店家外的大型垃圾箱中供應。

一邊讀書一邊打工的垃圾怪客

還在瑞典隆德大學就讀的約翰．艾林，就是這樣一名專門在垃圾箱中「挖寶」的「垃圾掏客」；這樣特殊的身分類別，讓他成為馬爾摩市立圖書館「真人圖書館」中的暢銷書，點閱率極高。

「你這樣的行為，是小偷嗎？」借閱者總是單刀直入問他。瘦小的約翰說，垃圾是別人不要的東西，但「在別人的垃圾桶裡找出還能食用的食物及堪用的物品」，這樣的行為在瑞典仍是灰色地帶，因為法律認定，未運走前的垃圾仍是私人財產。「我認為，這不是偷；但警察不這麼想」，所以他行動特別低調。

如同歐洲其他國家的「垃圾掏客」一樣，約翰對資本主義「大量製造、大量棄置，以保持貨架快速更新」的邏輯，十分不以為然；進而「你丟我撿」，以行動證明「企業丟棄的，大半都是仍有價值的物資」。

資源回收，對抗過度消費

約翰說，在商人的盤算裡，「丟掉舊貨品」比回收或再利用更划算，卻對環境造成重大負擔，多少仍可食用的食物被浪費、堪用的貨品變垃圾？

「垃圾掏客」算是環境主義者對資本社會的批判行動。網路上，各國垃圾掏客交換經驗，如何自保、面對店家或警察如何應對、如何在垃圾堆中保持自身清潔、還滿載而歸等等。

約翰說，在馬爾摩，垃圾掏客還曾每周「辦趴」，共享在垃圾箱中尋到的寶物，一同烹煮，也分享多餘。

約翰說自己幾乎每天都會出動，要撿拾多少食物，「就看有多少需要」；他仍然需要貨幣，因為並不是每樣東西都撿得到。當然，手機、通話費、房租等等，這些是撿不來的，所以他得有工作賺錢。他目前在特殊機構照顧自閉症孩子，一邊工作、一邊到大學修課。

這樣的生活，聽來難以想像。但年輕的約翰卻甘之如飴。衣服、家具都是撿來的，代步的單車是自己組裝的，零件四處拼湊，也就可以了。

「我並不在乎別人怎麼看我。」約翰說，在六、七〇年代，那時人們比現在要節儉得多，「垃圾箱裡是不會有完好可用的物資的。」年輕的約翰似乎更欽佩那樣的年代，如今，他只是忠於自己的信念而付諸行動罷了。

亞斯敏十八歲那年，決定依著父親的信仰，戴起穆斯林頭巾。

戴頭巾的丹麥女孩——亞斯敏

即使是在國際都會如丹麥哥本哈根，二十歲的亞斯敏．羅札葉．歐斯德仍然能感覺到，伴隨著她穆斯林頭巾而來的眼光與標籤。

「妳丹麥文說得真好？」一位老太太忍不住問她。「那是因為我『就是』丹麥人。」亞斯敏的回答有些無奈。

自願戴頭巾，追求信仰與穿著自由

摩洛哥籍爸爸加上丹麥籍媽媽，在哥本哈根出生、長大的亞斯敏從沒懷疑過自己「不是」丹麥人；但當她十八歲起，決定遵循父親的穆斯林信仰，女子戴頭巾那天開始，在陌生人眼光中，她似乎突然不再是「丹麥人」——旁人對她的態度因一方頭巾不變。

她原本跟丹麥街上任何一位青少女沒啥不同，染髮、化妝，直到十六歲看了古蘭經。「它說：不要將你的美貌給人看，你才能分辨他們愛的是你，而不是你的長相。我心想：這太有道理了！我就要這樣做。」

父母擔憂她的與眾不同

最大的反對來自父母。每天依教規朝拜五次的父親反問：「你戴了頭巾，以後怎麼找工作？」他很明白社會如何看待穆斯林。白人母親則認為她

北歐的穆斯林婦女坐在草地上，在陽光中歡笑聚會。

戴頭巾的亞斯敏走在哥本哈根街頭，有時也會引來注視眼光。

是「青少年的一時胡鬧」，就如同刺青、穿耳洞；要她等到十八歲，而且「別在我的屋簷下戴頭巾」。所以，滿十八歲的亞斯敏搬出家門，貫徹決心。

她和好友四處採購美麗頭巾，如同某種成年儀式，在她選定的二〇〇九年七月三十日這天，她的頭髮不再為世人觀看。但也從這天開始，「人們自動將我放進某種分類，『亞斯敏』不見了，我只是個『穆斯林女孩』。」

亞斯敏思索著，社會可以接受女孩把頭髮染成粉紅色，卻不太能理解女孩自願戴上頭巾。在路上走著，她感受到注視的目光，「好像我是外星人」，在公車上她受過非善意的「推擠」，這些是她十八歲之前從未遭遇過的，但她明明是同一個人。

刻板印象來自於無知

因為頭巾，她得接受跟著「穆斯林女性」而來的刻板印象與歧視。諸如，她被問：「你有上學啊？」因為大部分人以為穆斯林女性「受男性欺壓，不能受教育」；「你結婚了吧？」因為穆斯林女人都早早結婚生子。

就讀護校、也是足球隊員的亞斯敏說，剛開始面對這些標籤時，她簡直快瘋了；但是她明白，偏見是因為「他們不知道」。所以她加入「真人圖書館」，成為可借閱的「活書」。

一名婦人問：「戴頭巾不是對女人的箝制嗎？」她回答：「我戴頭巾，不是出於恐懼，而是出於愛。」對答不是為了駁倒對方，而是為了理解彼此。

艾妮塔（左）和卡瑟琳娜十年前登記成為「伴侶」。

性別不再重要
建立於愛與親情的彩虹家庭

「今年七月五日，我們成為伴侶就十周年了——我們還在一起！」瑞典溫和黨發展部總監艾妮塔．瓦格里與她的同志伴侶卡瑟琳娜對望一眼，笑了起來，神情和客廳架上的結婚照一樣。她們的五歲小孩艾克斯拿著畫紙過來，爬到兩人身上，要她們看他的傑作。

十五年愛情長跑，見證同志法令演進

綁著馬尾的艾妮塔說，十五年前她隻身從挪威奧斯陸到瑞典斯德哥爾摩工作，第一次到同志酒吧，一抬眼，與她眼神交會的，就是卡瑟琳娜。一年半後工作結束，她返回挪威，辭了工作、賣了公寓，奔回瑞典女友身邊。

「我想要有個家，有個小孩，有個婚禮，就像一般人一樣。」艾妮塔說。她們的「建家」過程，恰好見證這十年來，瑞典同志法令的每一步變化。

兩人相遇那年，一九九五年，同居伴侶法通過，同志伴侶與同居男女一樣，能註冊成為合法的「伴侶」。一九九九年兩人共同買了第一棟房子；二〇〇一年，登記為合法伴侶。

兒子艾克斯習慣將小祕密都告訴「kiya」卡瑟琳娜。

透過人工生殖，得到愛的結晶

身為女同志，艾妮塔說，生小孩這事兒，「我們沒辦法自己來，得有人幫忙。」當時瑞典的女同志人工生殖還未合法，她們出國到丹麥、芬蘭等已經通過法令的國家「醫療旅行」，「非常花錢，也很花時間，因為不是百發百中。」透過丹麥匿名捐精者及醫學協助，歷經四年，艾妮塔受孕。

那一年，瑞典才剛通過女同志可以合法接受人工生殖，早已自力救濟的艾妮塔挺著大肚子，在保守政黨裡成了目光焦點。懷孕的「同志媽媽」兼政治人物的身分，連德國、挪威電視台都來採訪。

身在政界，艾妮塔和卡瑟琳娜從不隱藏同志身分和兩人的伴侶關係。俐落的卡瑟琳娜說：「你如果好奇，你就開口問；我們的態度越開放，別人的窺探就越少。這很有意思。」相信「透明」帶來的力量，是典型的瑞典式思維。

兒子艾克斯在二〇〇六年七月出生，「彩虹家庭」成形。此時瑞典已通過同志領養權，卡瑟琳娜辦理領養，「我們希望兒子有雙親（parents），不是媽媽跟爸爸，而是媽媽跟 kiya。」

開放透明的態度，教養出自信孩子

「kiya」是艾克斯發不出「卡瑟琳娜」後的自創稱呼。艾妮塔說，她們從小就告訴兒子，他是人工受精的孩子，「是媽媽拚了很多年才有的寶貝」。

瑞典同志人權與法令演進

1944：同志除罪化
1979：同志不再被視為疾病
1987：禁止歧視同性戀
1988：同志伴侶可以同居
1995：同志有伴侶權
1999：職場禁止性傾向歧視，同志監察官成立
2002：大學禁止性傾向歧視
2003：同志伴侶有子女領養權
2005：女同志伴侶可以人工生殖
2006：禁止兒童或中小學生的歧視或霸凌
2007：同性伴侶能接受教會祝福
2009：同志婚姻合法化，可在市府或教堂結婚

資料來源：瑞典 RFSL 網站、Swedish Institute

卡瑟琳娜說：「隱瞞只會暗示這件事是羞恥的，坦白讓他堅強。艾克斯知道自己很特別，他非常有自信。」

不免有人問：「這位是你媽媽，那另一個是誰？你有兩個媽媽？」艾克斯會說：「一個是媽媽，一個是 kiya。」對幼兒園小朋友來說，這樣的答案就滿意了，他們如實地接受，回說：「ＯＫ，酷。」

幼兒園裡小朋友的家庭也很多元，「彩虹家庭」之外，單親、同居、領養或移民家庭都有，誰也不比誰特別。

艾妮塔說，她曾到班上跟小朋友自我介紹，那是因為幼兒園要教認識世界，邀不同國籍家長現身說法，「我去是因為我是挪威人，而不是我是女同志！」

社會偏見根植老一輩，有待更多了解及接納

即使在重視平等與人權的瑞典，同志權利仍是一點一滴爭來的。五十歲的卡瑟琳娜說，她的青少女時期，「同性戀還被認為是一種疾病」，同志酒吧還是祕密基地，「要進門，得說通關密語」，她不敢公開自己的同志身分。如今，「對年輕世代來說，同志是『非議題』，是自然的存在。」但老一輩仍有很深的偏見。

多年前，她和艾妮塔度假，在泳池裡一位老人家故意大聲地說：「唷，同性戀進到泳池了，我得趕快起來，池水髒了。」兩人說，他的態度惡劣，

「我們只好換旅館。」

作為黨部的同志社群連絡人，艾妮塔有很深感觸：「政黨必須適應社會，傾聽人民，追上社會的步調。」她說：「保守人士稱我們及同志人權運動是『黑暗勢力』。」有些政黨瞄準人民的害怕，操作仇恨言論以獲取政治利益；但事實上，「如果人們認識同志、認識移民，視我們為『人』，而不是統計數字，願意認識我們，和我們建立關係，我確信，歧視會消失。」

艾妮塔和卡瑟琳娜從不隱瞞女同志伴侶身分，「你好奇，就開口問。」她們說。

平等監察官，打擊各種歧視

想像一下，如果以下這些事發生在台灣，我們通常會怎麼反應？

⊙坐輪椅的尼克無法搭上火車，因為車站缺乏無障礙設施，車站人員喊著：「那個殘障的又來了。」

⊙米拉丟了在遊樂園的工作，因為她戴著穆斯林頭巾上班。

⊙學校不准一對情侶參加為學生舉辦的舞會，因為他們是同志。

⊙莎拉認為她沒有獲得大學校長職務，因為她是女性。

⊙社區拒絕社福團體租屋作為「失智者團體家屋」，因為居民認為房價會因此下跌。

這些都是因為歧視造成人民權益損害的案例。在台灣，就業歧視或性別歧視，可依法提出申訴；其他的歧視，就得看著辦。於是，民眾最常用的「有力」方法是——上網或向立委爆料。

歧視就是犯罪

在瑞典，視「平等」與「正義」為立國價值的政府，為人權設了單一窗口：「平等監察官（the Equality Ombudsman）」。官網第一句話就是：「歧

瑞典「平等監察官」哈肯・桑德斯鳩。

視就是犯罪。」

上述的案例全是「平等監察官」的職掌。一百人的編制，加上每年九千五百萬克朗（約新台幣四億兩千多萬元）的預算，受理人民的各項歧視申訴。去年一共受理了兩千八百九十二件申訴案。

只要自覺因為性別、性別認同與表達（例如男扮女裝）、性傾向、種族、宗教、身心障礙以及年齡等七項歧視而遭受不公對待，都可以向監察官提出申訴；政府介入調查，必要時代表人民提出訟訴、求償。

「我們永遠在挑戰社會潛藏的敵視態度。」今年二月新上任的主任「平等監察官」哈肯．桑德斯鳩說，平等監察官的主要工作，就是確保「歧視法」與「親職假」的履行，「打擊歧視，確保每一位公民的平等權利及同享公平機會。」

在這樣的制度之下，人民毋須區分自己是為什麼被歧視。瑞典人認為歧視原本複雜，例如遭到霸凌的年輕學生是同性戀又有閱讀障礙，或者聽障的伊拉克移民女性無法請休親職假，歧視原因皆難以分說。

歷經兩百年演進的監察官制度

瑞典的「監察官」制度源遠流長。早在一八〇九年，瑞典國王就設立「監察官」，在國王權柄之外獨立運作，確保法律公正執行。

經過逾兩百年的演化，「監察官」制度不斷分殊、合併。目前在國會監

「平等監察官」資深新聞祕書馬格納斯・約柏森。

察官、兒童監察官、消費監察官及媒體監察官之外，整理中央政府所有與「反歧視」相關的法律及機構，通過新的「歧視法」，於二〇〇九年合併原有的公平機會、種族、殘障及性傾向等四個監察官，成立「瑞典平等監察官」。嶄新的辦公室裡，還設有兒童遊戲室，供帶著幼童的申訴人安置小孩。

「歧視法」還因應社會變遷，納入兩種新的歧視類別：年齡歧視與「跨性別認同與表達」歧視。

「平等監察官」資深新聞祕書馬格納斯・約柏森說，當老年人口越形龐大，對抗與年齡相關的歧視就更顯重要；瑞典的性別意識一向前衛，將與性別相關的歧視，分為「（生理）性別歧視」、「性傾向歧視」、「性別認同與表達歧視」三項，各自分立，也代表瑞典人權意識的演進。

在政府組織系譜上，「平等監察官」設於「族群融合及性別平等部」之下，監察官由部長任命但須經國會同意，在個別事務上保持獨立運作。值得一提的是，瑞典「族群融合及性別平等部」現任部長是來自非洲蒲隆地的新移民女性。

受理各類申訴爆料，政府部門也不例外

曾任法官的桑德斯鳩強調，即使不當行為者是政府部門，監察官也一樣調查。平等監察官曾代表人民控告社會保險署以及瑞典公共雇用服務局，以二〇一一年五月和解的案子來說，遭到性別歧視的牧場女工就獲得十五萬

以二〇一一年五月和解的案子來說，遭到性別歧視的牧場女工就獲得十五萬克朗的和解金（約新台幣六十七萬元）。

約柏森說，「平等監察官」運作的關鍵字是「保護」與「預防」，在處理歧視申訴之外，也必須主動出擊，喚起人民權利意識；官員不會坐在辦公室等著人民上門，否則永遠是有能力獲得資訊者得利，知識鴻溝造成了另一種歧視。

平等監察官小檔案

成立：2009 年一月一日由過去的四個監察官合併而成
職掌：對抗社會歧視
任命：由「族群融合及性別平等部」部長任命，經國會同意，保持獨立運作
員額：一百名員工
預算：每年九千五百萬克朗

歧視法案

處理以下七種歧視：
—性別
—跨性別認同或表達（如男扮女裝）
—種族
—宗教或信仰
—身心障礙
—性傾向
—年齡

資料來源：瑞典平等監察官

給台灣的12個新觀念：借鏡國外，提升台灣

2011年9月初版
2013年4月初版第五刷

定價：新臺幣420元

企劃撰文 聯合報編輯部
發行人 林載爵

叢書主編 李佳姍
校對 陳佩伶
整體設計 朱智穎

出版者 聯經出版事業股份有限公司
地址 台北市基隆路一段180號4樓
編輯部地址 台北市基隆路一段180號4樓
叢書主編電話 (02)87876242轉229
台北聯經書房 台北市新生南路三段94號
電話 (02)23620308
台中分公司 台中市北區健行路321號1樓
暨門市電話 (04)22371234 ext.5
郵政劃撥帳戶第0100559-3號
郵撥電話 (02)23620308
印刷者 文聯彩色製版印刷有限公司
總經銷 聯合發行股份有限公司
發行所 新北市新店區寶橋路235巷6弄6號2F
電話 (02)29178022

行政院新聞局出版事業登記證局版臺業字第0130號

本書如有缺頁，破損，倒裝請寄回台北聯經書房更換。 ISBN 978-957-08-3876-3 (平裝)
聯經網址 http://www.linkingbooks.com.tw
電子信箱 e-mail:linking@udngroup.com

◎ 感謝中國信託贊助專題製作 ◎

國家圖書館出版品預行編目資料

給台灣的12個新觀念：借鏡國外，提升台灣/聯合報編輯部企劃撰文．初版．臺北市．聯經．2011年9月（民100年）．312面．17×23公分
ISBN 978-957-08-3876-3（平裝）
[2013年4月初版第五刷]

1.社會生活 2.報導文學

542.53 100016604

聯經出版事業公司

信用卡訂購單

信　用　卡　號：☐VISA CARD ☐MASTER CARD ☐聯合信用卡

訂 購 人 姓 名：________________________________

訂　購　日　期:__________年________月__________日　(卡片後三碼)

信　用　卡　號：________ ________ ________ ________ ______

信 用 卡 簽 名：________________________(與信用卡上簽名同)

信用卡有效期限：________年________月

聯　絡　電　話：日(O)：______________夜(H)：____________

聯　絡　地　址：☐☐☐ ______________________________

____

訂　購　金　額：新台幣 ____________________________元整

（訂購金額 **500** 元以下,請加付掛號郵資 **50** 元）

資　訊　來　源：☐網路　☐報紙　☐電台　☐DM　☐朋友介紹

☐其他 ______________________________

發　　　　票：☐二聯式　☐三聯式

發　票　抬　頭：______________________________

統　一　編　號：______________________________

※ 如收件人或收件地址不同時，請填：

收 件 人 姓 名：______________________ ☐先生　☐小姐

收 件 人 地 址：________________________________

收 件 人 電 話：日(O) ______________ 夜(H) ____________

※茲訂購下列書種,帳款由本人信用卡帳戶支付

書　　名	數量	單價	合　計
		總　計	

訂購辦法填妥後

1. 直接傳真 FAX(02)27493734
2. 寄台北市忠孝東路四段 561 號 1 樓
3. 本人親筆簽名並附上卡片後三碼(95 年 8 月 1 日正式實施)

電 話：(02)27627429

聯絡人:王淑蕙小姐(約需 7 個工作天)